Helmut Steiner

Beobachtungen an Niederen Tieren
des Mittelmeeres

Helmut Steiner

Beobachtungen an Niederen Tieren des Mittelmeeres

 *Landbuch*

Fotos: Franz Müller, Seite 111
Walter Warecka, Seite 115
Titelbild und alle übrigen Fotos vom Verfasser

Landbuch-Verlag GmbH, Hannover, 1983.

Lektorat: Dipl.-Biologe Andreas Fischer-Nagel, Berlin.

Farblithos: ReproDukt, Hannover.

Satz, Druck und buchbinderische Verarbeitung:
Landbuch-Verlag GmbH, Hannover

ISBN 3 7842 0283 7

Dieses Buch widme ich
meinem verstorbenen Freund

JOHANN HEIDLER

Seine Liebe zu den Fischen und Pflanzen war
für uns alle ein Ansporn, es ihm gleichzutun.
Trotz seiner jahrelangen schweren Erkrankung
war er immer guter Laune und bereit, über
seine Leidenschaft, die Aquarien, zu
berichten. Nicht nur ich, sondern alle
Aquarianer Wiens haben mit Johann Heidler
einen Freund verloren.

Wir werden ihn immer in guter Erinnerung
behalten.

Inhalt

Vorwort

von Konrad Lorenz, Altenberg

Die moderne zivilisierte Menschheit ist im Begriffe, an
einer Geisteskrankheit zugrunde zu gehen, deren Ursa-
chen unschwer zu finden sind. Der Durchschnitts-
mensch hat es in seiner Tagesarbeit nur mit nichtleben-
digen, menschengemachten Dingen zu tun und hat es
verlernt, mit lebendigen Systemen umzugehen. So
bringt er blindlings das lebende System unseres Erd-
balls um, in dem und von dem er lebt. Letzten Endes ist
Natur-Entfremdung die Wurzel allen Unheils. Es gibt
kein besseres Mittel, um den modernen Stadtmenschen
mit den großen Gesetzen der lebendigen Welt vertraut
zu machen, als es das Aquarium ist. Es ist ein Lehrmit-
tel, das sein Ziel erreicht, ohne daß der Lernende viel
zu lesen braucht, ja, sogar ohne daß er bewußt arbeitet.
Ich habe einmal geschrieben: „Man kann stundenlang
vor dem Aquarium sitzen und sich in Gedanken verlieren, in krausen und klugen, wie man den Flammen des
Kaminfeuers nachsinnt oder dem eilenden Wasser
eines Baches. Und man lernt sogar dabei. Würfe ich in
die eine Schale einer Waage alles, war mir in solchen
Stunden der Meditation vor dem Aquarium an Einsicht
zuwuchs und in die andere, was ich aus Büchern ge-

wann – wie hoch schnellte diese empor." Ohne viel zu denken, ohne bewußt zu arbeiten, nimmt man bei solcher Meditation unglaublich viel in sich auf.

In der heutigen Aquaristik ist es nahezu selbstverständlich, daß jeder bessere Aquarienwirt eine ganze Menge Chemie kann. Besonders bei der Pflege des Seeaquariums ist es wirklich notwendig, Säurewert, spezifisches Gewicht, den Gehalt an Nitraten und vieles andere feststellen und regulieren zu können. Dennoch ist die ältere Aquaristik auch ohne diese wissenschaftlichen Methoden ausgekommen; wer lange genug beobachtend vor seinem Aquarium sitzt, der lernt es, seinen Tieren und Pflanzen anzusehen, unter welchen Umständen ihnen wohler, und unter welchen ihnen weniger wohl ist. Die Fähigkeit, so etwas wahrzunehmen, nennt man in der Medizin den „klinischen Blick". Wer ihn besitzt, kann das Aussehen seiner Pfleglinge als einen Indikator benützen, der weit feiner reagiert, als die beste chemische Analyse. Nicht, daß die schon oben erwähnten chemischen Analysen entbehrlich wären, aber der „klinische Blick" ist es noch weniger.

Ähnlich wie um die wissenschaftliche Untersuchung der Chemie des Aquariums steht es um die Technik, die aufgewendet wird, um lebensgünstige Umstände in unseren Becken aufrechtzuerhalten. Es empört mich geradezu, wenn ein großes Buch über See-Aquaristik mit einer Fülle von technischen Details beginnt, die dem Anfänger geradezu Angst einflößen und ihn von seinem Vorhaben abbringen müssen. Die ersten See-aquarien, die ich einrichtete, hatten keine Filterung, geschweige denn Eiweißabschäumer. Sie hatten nur eine altertümliche Durchlüftung, die darauf beruhte, daß der schwere Weicheisenkolben einer lotrecht stehenden Luftpumpe in regelmäßigen Abständen durch einen Elektromagneten wieder hochgezogen wurde. Vier 60-Liter-Vollglasbecken enthielten Wasser und Tiere, die ich von meiner Hochzeitsreise aus der Adria nach Hause gebracht hatte. Eines dieser Becken war ohne Tierbesatz nur den sich „von selbst" entwickelnden Seepflanzen gewidmet, eines enthielt Krebstiere und Seerosen, das dritte verschiedene Fische und das vierte Seepferdchen, Seenadeln und Stachelhäuter. Die ganze Kunst bestand in dem Wissen, welcher Organismus welchen auffrißt, daß Seeigel nicht im Pflanzenbecken geduldet werden dürfen, und daß zupfende, weidende Fische die Seeigel quälen usw. Früh lernte ich, belehrt ausschließlich vom „klinischen Blick", daß ein Zuviel an tierischem Leben für die Lebensgemeinschaft eines Aquariums, dieses lehrreichen Modells unserer Welt, die größte Gefahr ist.

Es ist ohne Zweifel die berechtigte Freude am eigenen Können, die den begabten Aquarienwirt dazu treibt, sich immer schwierigere und schwierigere Aufgaben zu stellen. Korallenfische zu halten ist schwer genug, immerhin kann man bei ihnen beachtliche Erfolge erzielen, wenn man unter strikter Einhaltung hygienischer

Bedingungen sich auf die Chemie allein verläßt. Wer die eigentlichen „Kinder des Meeres", die Welt der wirbellosen Tiere kennenlernen will, vor allem, wer die „Blumen des Meeres" in seinem Aquarium halten will, der muß eben den „klinischen Blick" in hohem Maße entwickelt haben, er muß es gelernt haben, seinen Pfleglingen blühende Gesundheit und auch die leisesten Anzeichen des Leidens unmittelbar anzusehen. Solche kleinen Symptome sind feinere Indikatoren dafür, daß die Lebensgemeinschaft des Aquariums im richtigen Gleichgewicht ist, als die feinsten chemischen Reagenzien es je sein können. Das Halten von wirbellosen Tieren, vor allem von Nesseltieren, ist die höchste Kunst der Meeresaquaristik.

Nicht, daß die technischen Mittel wie Filterung, Durchlüftung, Abschäumen unnötig wären, nicht, daß man der chemischen Kontrolle von Säurewerten, Nitratgehalt usw. gänzlich entraten könnte, aber die letzten Feinheiten der Meerestierhaltung beruhen nicht auf chemischen Messungen, sondern hängen vom klinischen Blick des Aquarienwirtes ab.

Der Autor des vorliegenden Buches ist ein Meister jener Art von Aquarienpflege, von der ich hier rede. Als echter Naturfreund liebt er es, die Tiere und Pflanzen selbst zu sammeln, die er in seinem Heim zu pflegen und zu beobachten gedenkt. Darin liegt auch der Grund, weshalb er das Mittelmeer-Aquarium vorzieht. Es ist ein Irrtum zu glauben, daß ein wirklich

11

gutes Mittelmeeraquarium weniger Ansprüche an den Pfleger stellt als ein Becken mit tropischen Organismen. Der Grund hierfür ist sehr einfach: Es ist viel leichter, ein Aquarium zu heizen als zu kühlen. Helmut Steiner hat dieses Problem in genialer und billiger Weise gelöst.

Es ist zu wünschen, daß er viele Nachahmer findet. Die Schönheit der wirbellosen Tiere und gerade die Ansprüche, die von ihnen an das Können des Pflegers gestellt werden, macht ihre Haltung so reizvoll. Die Lebensgemeinschaft eines Mittelmeerbeckens mit wirbellosen Tieren und natürlichem marinen Pflanzenwuchs ist das anspruchsvollste und damit lehrreichste Objekt der gesamten Aquaristik. Wenn ich es hier jedem empfehle und dem vorliegenden Buch allen nur möglichen Erfolg wünsche, so geschieht dies nicht zuletzt deshalb, weil jeder Mensch, den wir zu diesem so ungemein genußreichen und lohnenden Unterfangen veranlassen, damit ganz automatisch zum Kämpfer für den Umweltschutz bekehrt wird.

Einleitung

Liebe Aquarienfreunde, mit diesem Buch halten Sie kein neues wissenschaftliches Werk über Niedere Tiere des Mittelmeeres in Händen, sondern ein Buch, welches Ihnen meine persönlichen Erfahrungen in der Haltung dieser Tiere vermitteln möchte. Vielleicht gelingt es mir, dem einen oder anderen Anfänger auf diesem Gebiet, aus meiner zwölfjährigen Erfahrung heraus, einige Tips für die Haltung dieser interessanten Tiere zu geben.

Als Hobbyaquarianer oder Aquarienwirt, wie Prof. Lorenz den ernsthaften Aquarianer bezeichnet, wollte ich mich auch nicht um wissenschaftliche Forschungsergebnisse oder Neubestimmungen bemühen, sondern habe versucht, mit einfachen Mitteln optimale Haltungsergebnisse zu erzielen. Ich habe in all den Jahren danach gestrebt, das einfache Aquarium, also das ohne großen technischen Aufwand, zu praktizieren. Denn je geringer der Aufwand ist, desto größer die Freude über erzielte Erfolge.

Wie Sie bei der Lektüre dieses Buches sehen werden, lassen sich Haltungs- und Zuchterfolge auch mit einfachen Mitteln erreichen, und besonders der Anfänger in der Meeresaquaristik möge sich mit diesem Buch angesprochen fühlen. Da viele Süßwasseraquarianer der Meinung sind, für ein Seewasserbecken wäre unbedingt mehr technischer Aufwand und manueller Arbeitseinsatz nötig, hoffe ich, klarstellen zu können, daß dies ein grundlegender Irrtum ist. Ich hoffe, mit Hilfe meiner Erfahrungen, so manchem Liebhaber von Mittelmeertieren zu viele Enttäuschungen zu ersparen.

Bei meinen Freunden und Bekannten, die mich in all den Jahren immer wieder mit neuen Tieren beschenkt haben, bedanke ich mich an dieser Stelle herzlich. Mein besonderer Dank gilt den Herren Walter Warecka, Emmerich Cada, Kurt Braunfuchs, Ernst Böck, Paul Gottesmann, Wolfgang Kropf, Hubert Pettenkofer, Franz Müller und dem Ehepaar Blenk. Wichtige Erkenntnisse verdanke ich Gesprächen und Diskussionen mit: Prof. Dr. Konrad Lorenz, Dr. Wolfgang Klausewitz, Dr. Franz Luttenberger, Peter Wilkens und meinem Freund Peter Chlupaty. Einige Fotos wurden mir von Walter Warecka, Franz Müller und Ulrike Blenk zur Verfügung gestellt.

Becken

Für die Haltung von Niederen Tieren des Mittelmeeres ist jedes geklebte Glasbecken geeignet. Um so größer dieses Becken ist, dies wissen wir auch von einem Süßwasseraquarium, um so weniger Arbeit wird es uns bei der Pflege bereiten, denn das biologische Gleichgewicht bleibt bei einem großen, „eingefahrenen" Becken stabiler. Selbstverständlich kann man auch ein kleines Becken mit einigen Tieren über mehrere Jahre gut pflegen und seine Freude daran haben. Für die Dekoration meiner Becken verwende ich meist Kalk- oder Tuffgestein. Besser sind natürlich Steine, die direkt aus dem Mittelmeer stammen. Man kann sie leicht in den Flachwasserregionen sammeln, doch wer hat neben dem Urlaubsgepäck noch genügend Platz, um einige große Behälter für die Steine mitzuführen? Ein solches Vorhaben scheitert häufig am Protest der Ehefrau, der Kinder, oder anderer Mitreisender. Für solche Aktionen ist es am besten, sich mit einigen Gleichgesinnten für ein paar Tage Urlaub zu nehmen, um sein Vorhaben zu verwirklichen.

Wenn ich ein Becken neu einrichte, so gestalte ich zuerst die Steinaufbauten an der Rückseite des Aquariums und anschließend den vorderen freigebliebenen Bodenteil, der mit ca. 3 bis 5 cm Bodengrund aufgefüllt wird. Dafür verwende ich seit vielen Jahren nur groben Muschelbruch, der vorher gut gewaschen werden muß. Durch die groben Muschelbruchstücke ist die so wichtige leichte Durchflutung des Bodengrundes gegeben. Im Anschluß daran wird das vorbereitete Wasser eingefüllt.

Für die Herstellung des künstlichen Seewassers verwende ich die im Handel erhältlichen fertigen Salzmischungen. Die Dichte des Seewassers halte ich bei 1,028, welche mit einem geeichten Aerometer gemessen wird. Der pH-Wert liegt am günstigsten bei etwa 8 bis 8,4. Selbstverständlich bringe ich auch das natürliche Seewasser, welches ich mit den Tieren nach Hause bringe, in die Becken.

Technik

Einen nur sehr geringen Raum nimmt in diesem Kapitel die Aquarientechnik ein, denn ich komme seit längerer Zeit mit einem Minimum davon aus. Ein Mittelmeeraquarium ist auch nur mit einem Außenfilter und einer starken Durchlüftung voll lebensfähig. Die Voraussetzung dafür ist, daß es nicht mit vielen Tieren überladen wird. Ich lehne ein Meeresaquarium ab, das nur mit allen erdenklichen technischen Geräten lebensfähig erhalten wird. Es gleicht meines Erachtens einem Menschen, der nur durch eine Herz-Lungenmaschine am Leben erhalten wird. Sind durch einen Stromausfall die Geräte nicht in Betrieb, so kommt es zur Katastrophe, das technisch erhaltene Leben erlischt. Neben einem Außenfilter und einer kräftigen Durchlüftung finden Sie in meinen größeren Becken nur noch Turbellen zur Wasserbewegung. Selbst Eiweißabschäumer, die ich nur mit der Luftpumpe betrieben habe, sind aus meinen Becken mit geringem Tierbesatz verschwunden. Der einzige technische Luxus, den ich mir leiste, ist ein mit Korallen und Krustenanemonen besetztes Becken, welches mittels eines alten Kühlschranks auf einer Wassertemperatur unter 20° C gehalten wird. Eine Heizung benötigt man für ein Mittelmeeraquarium nur, wenn es im Keller des Hauses aufgestellt ist und im Winter die Temperatur unter 10° C absinken würde. Beim Kauf der Durchlüftungspumpe für ein Mittelmeerbecken sollte man nicht sparen, denn eine starke Durchlüftung im Becken erhöht den Sauerstoffgehalt des Wassers und damit auch das Wohlbefinden der Tiere. Leider setzt sich dadurch eine starke Salzkruste über dem Ausströmer an der Deckscheibe an, die man wöchentlich oder spätestens alle 14 Tage entfernen muß.

Ein Mittelmeeraquarium, in der Hauptsache mit lebenden Korallen und Polypenkolonien besetzt, sollte man am besten in eine dunkle Ecke des Raumes stellen. Bei zu starker Beleuchtung oder sogar Sonneneinstrahlung bilden sich grüne Fadenalgen, die die Tierkolonien leicht überwuchern und zum Absterben bringen können. Aktinien und Anemonen sowie Tiere, die im Flachwasser oder in Fluttümpeln vorkommen, also starker Sonneneinstrahlung ausgesetzt sind, kann man in heller beleuchteten Becken halten. Meine Aquarien werden nur in den Abendstunden je nach Tierbesatz für ca. 3 bis 5 Stunden mit einer Leuchtstoffröhre beleuchtet. Für Aquarien bis 60 cm Länge ist eine 15-Watt-Leuchtstoffröhre, bei einer Beckenlänge von 70–100 cm eine 20-Watt-Röhre installiert. 40-Watt-Leuchtstoffröhren kommen für Aquarien bis 140 cm Länge in Frage, für Becken über 150 cm verwende ich 65-Watt-Röhren. Je nach Beckeninhalt verwende ich entweder die Lichtfarbe Gro-Lux (Korallen, Schwämme, Krustenanemonen) oder Philips TL 32 De Luxe und TL 33 für Tiere, die mehr Licht benötigen.

Filter

Seit vielen Jahren praktiziere ich die althergebrachte Methode des einfachen Außenfilters. Das Volumen des Außenfilterbeckens sollte zumindest 10 % der Wassermenge des zu filternden Aquariums betragen. Je größer dieser Filter ist, um so besser wird das Becken auch leben. Nach dem Einbringen von Bodendurchflutungs-platten wird der Filter mit demselben Muschelbruch gefüllt, wie ich ihn im Aquarium als Bodengrund verwende. Die Höhe der Muschelgrusschicht richtet sich nach der Grundfläche des Filterbeckens, d. h., bei niederen Filterbecken mit großer Bodenfläche ist die Schicht nur ca. 10 cm hoch, während bei schmalen, hohen Filterbecken ⅔ des Beckens gefüllt wird. Wenn die Muschelbruchschicht höher als 10 cm ist, wird eine Durchlüftung von unten her notwendig, da sonst ein Sauerstoffmangel in der unteren Schicht des Filtermaterials entsteht und dort die Bakterien, welche Nitrit und Nitrat abbauen, eingehen. Als Vorfilter läßt sich auch eine kleine durchflutbare Kammer einbauen, die, mit etwas Filterwatte gefüllt, die groben Schmutzteile auffängt.

Nach einer Einlaufzeit von ca. 2 Monaten besetzte ich die Filterbecken mit Caulerpa; sie übernimmt dann einen Teil der Entgiftung des Wassers, noch bevor dies durch das Filtermaterial fließt. Caulerpa prolifera ist eine auf Schlamm am Grund im Mittelmeer vorkommende Alge. Sie bildet blattähnliche Lappen, die aus einer Hauptachse sprießen. Auf Aktivkohle verzichte ich seit vielen Jahren. In regelmäßigen Abständen wird dem Filterbecken ein Teil der üppig wachsenden Caulerpa entnommen. Zum Ansaugen des Beckenwassers in den Filter verwendet man aus Sicherheitsgründen immer zwei Ansaugrohre, da sich manchmal Seesterne wie auch Anemonen auf den Ansaugkorb des Rohres setzen und somit den Kreislauf unterbrechen würden. Dies würde aber ein Leerlaufen des Filters und Absterben der Bakterien zur Folge haben. Ein stillgelegter Filter ist nach einigen Stunden unbrauchbar und sogar gefährlich, wenn er danach wieder in Betrieb genommen wird. Unter den nunmehr sauerstofflosen Verhältnissen können giftige Verbindungen entstehen, die bei einer Wiederinbetriebnahme des Filters ins Aquarium gelangen und den schönen Tierbestand vernichten.

Zur Rückführung des gefilterten Wassers in das Aquarium verwende ich eine starke Durchlüftungspumpe, die an den Wasserheber angeschlossen wird. Von kleinen, mit Watte gefüllten Innenfiltern sowie mit Schaumstoffpatronen versehenen möchte ich abraten, da sie sich höchstens für kurze Zeit zur Schnellfilterung kleiner Aquarien eignen. Gute Erfahrungen habe ich mit folgendem Beispiel gemacht: Das ganze Aquarium wurde zunächst mit Bodendurchflutungsplatten ausgelegt. Danach wurde der Länge nach ca. 20 % der Aquarienbreite als Filterkammer mit einer eingeklebten Glasscheibe abgetrennt. Eine Verbindung von Filterkammer und besetzbarem Beckenteil bleibt nun nur noch durch die Bodendurchflutungsplatten bestehen. Die Filterkammer wird 10 cm hoch, der Beckenhauptteil nur ca. 3 cm mit Muschelbruch bedeckt. Das zu reinigende Wasser wird mittels Luft in die Filterkammer gepumpt und gelangt dann durch den Bodengrund wieder in das Becken zurück. So wird der Bodengrund von unten her durchflutet und bleibt immer frei von Verunreinigungen, da sich diese nicht absetzen können.

Selbstverständlich läßt sich ein Mittelmeeraquarium auch mit einem Motorfilter betreiben, doch wo genügend Platz vorhanden ist, empfehle ich den langsamer fließenden Außenfilter. Einen Motorfilter verwende ich ausschließlich in dringenden Fällen, z. B. wenn einige neue Steine mit vielen Löchern und starkem Bewuchs ins Becken kommen, bei denen man nie wissen kann, ob sich nicht Schwämme in den Löchern befinden, die eingehen und das Wasser stark trüben. Selbst der Motorfilter wird bei mir mit Muschelbruch gefüllt, zu dem ich eine dünne Schicht Watte als groben Schmutzfänger hinzufüge.

Aquarienkühlung

Seit vielen Jahren versuchte ich, meine Niederen Tiere des Mittelmeeres optimal zu pflegen. Dabei kam es in den Sommermonaten, in denen die Temperatur auch in der Wohnung stark ansteigt, zu Ausfällen, besonders bei den Tieren und Tierstöcken aus tieferen Regionen. Gerade diese Tiere, zu denen auch Korallenstöcke gehören, bedeuten mir sehr viel. So machte ich mir

Gedanken darüber, wie es gelingen könnte, die Wassertemperatur so niedrig wie nur möglich zu halten.

Der erste Weg war, das Aquarium mit den heikelsten meiner Pfleglinge in die dunkelste Ecke meines Aquarienzimmers zu stellen. Der zweite Schritt war dann, das Aquarium an der Unterseite, der Rückseite und den Seitenscheiben mit 1-cm-Styroporplatten zu bekleben, um eine gute Isolation zu erreichen. Dies genügte aber noch nicht für das Erreichen einer optimalen Wassertemperatur, so daß ich nach besseren Lösungen suchen mußte. Von einem Bekannten erhielt ich einen alten, noch gut funktionierenden Kühlschrank und begann meine ersten Versuche. Ich bohrte an der oberen Rückseite des Gerätes zwei Löcher in der Stärke eines Filterschlauches und verlegte eine Schlauchleitung vom Aquarium in den Kühlschrank. In den Kühlschrank selbst, sowie in das Tiefkühlfach, legte ich je eine Rolle des Schlauches von ca. 5 Meter Länge. Ein kleiner Filtermotor sorgte für die Wasserumwälzung vom Aquarium in den Kühlschrank und zurück. Der Erfolg war leider sehr gering, denn die Temperatur konnte mit dieser Anordnung nur um 4° C gegenüber der Raumtemperatur gesenkt werden. Stieg die Raumtemperatur, so stieg auch sofort die Wassertemperatur im Becken. Dabei lief das Kühlaggregat ununterbrochen, und der Verdampfer vereiste binnen weniger Tage. Diese Lösung war nicht zufriedenstellend. So überlegte ich, wie sich erstens ein besserer Kühleffekt erzielen lassen würde und zweitens der Kühlschrank nicht dauernd in Betrieb zu sein bräuchte. Ferner wollte ich die Möglichkeit haben, die Wassertemperatur zu steuern.

Zuerst schraubte ich den Deckel des Tiefkühlfaches heraus. Danach klebte ich ein Becken in der Größe des unter dem Tiefkühlfach liegenden Fachbodens. Die Höhe des Beckens wurde so bemessen, daß der Verdampfer fast hineinreichte. Am Boden und an den Seitenwänden des Beckens verlegte ich dünne Filterrohre, die dann an den Filterschlauch angeschlossen wurden. Zum Schluß füllte ich das Becken mit Wasser. Im Verlauf von 24 Stunden sank die Wassertemperatur von 25° auf 10° ab. Ich wollte jedoch nur eine Wassertemperatur von 15° erreichen. Ein Bekannter baute mir einen Regler so um, daß er nun im umgekehrten Sinn wie bisher arbeitet. Als dies geschehen war, verband ich den Regler mit der Umwälzpumpe, so daß jetzt, wenn die gewünschte Temperatur erreicht ist, die Pumpe vom Regler automatisch abgeschaltet wird. Bei Ansteigen der Temperatur wird die Pumpe wieder in Betrieb gesetzt, und die Kühlung beginnt zu arbeiten. Die Kosten dieser Selbstbaukühlung sind im Vergleich zu einem fertigen Kühlaggregat sehr gering. Ein paar Meter Filterrohre und Schlauch, ein alter Kühlschrank, ein Motor einer Filterpumpe, ein Thermostat und ein geklebtes Becken je nach Innenraum des Kühlschrankes. Auf diese Weise funktioniert mein gekühltes Becken schon mehrere Jahre, bei einer gleichbleibenden

Temperatur von 15° C. Bei einer solchen Temperatur halten sich meine Niederen Tiere ausgezeichnet und vermehren sich auch größtenteils. Welche Arten sich in diesem Becken vermehrt haben und auf welche Weise, erfahren Sie in den späteren Kapiteln.

Die meisten Aquarianer werden jedoch keinen eigenen „Aquarienraum" besitzen, in dem sie sich ungestört ihrem Hobby widmen können, sondern haben ihr Becken im Wohnzimmer aufgestellt. Dort allerdings wird sich in den seltensten Fällen die Möglichkeit bieten, einen Kühlschrank aufzustellen. Da ich mehrere Mittelmeeraquarien besitze, wollte ich auch platzsparende Methoden für Aquarienkühlungen finden. Die beiden folgenden Varianten sind für Aquarien gedacht, die im Wohnzimmer oder anderswo in der Wohnung aufgestellt werden. Beide Varianten wurden von mir ausprobiert und zeigen ebenfalls eine ausreichende Wasserkühlung. Bei beiden Methoden habe ich angenommen, daß das Aquarium in einem Schrank eingebaut wird. Für beide Varianten ist es notwendig, ein altes oder neues Kühlaggregat mit Verdampfer und Thermostatfühler zu besitzen. Manche Kühlschrankhersteller bieten schon für 150−200 DM für den Einbau fertige Kühlaggregate an. Sie verbrauchen in der Regel 100 Watt und eignen sich für Becken bis 350 Liter.

Möglichkeit I: Das Kühlaggregat soll oder muß neben dem Aquarium eingebaut werden. Man muß dafür dann neben dem Becken mindestens 50 bis 60 cm Platz

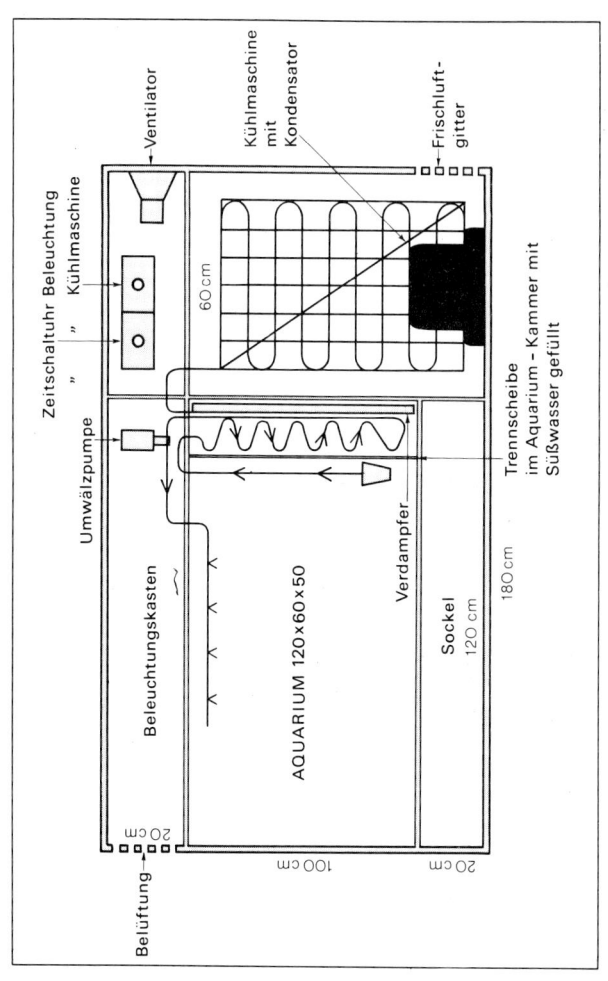

Ventilator

Zeitschaltuhr Beleuchtung
"   " Kühlmaschine

Kühlmaschine mit Kondensator

Frischluft-gitter

60 cm

Umwälzpumpe

Trennscheibe im Aquarium – Kammer mit Süßwasser gefüllt

Beleuchtungskasten

AQUARIUM 120×60×50

Verdampfer

Sockel
120 cm

180 cm

20 cm

100 cm

20 cm

Belüftung

25

haben, um die Kühlmaschine rechts oder links im Schrank einbauen zu können. Das Schrankteil, in dem die Maschine steht, muß so konstruiert sein, daß eine gute Luftzirkulation vorhanden ist, so daß die entsprechende Warmluft entweichen kann. Am besten ist es, oben über dem Motor und Kondensator Plastikgitter einzubauen. Ein kleiner Ventilator erleichtert das Belüften des Motorkastens. Ferner ist es notwendig, an der Seite, an der sich das Kühlaggregat befindet, im Aquarium eine Trennscheibe einzukleben, so daß eine Kammer entsteht, in die der Verdampfer (das Tiefkühlfach) mühelos hineinpaßt. In dieser Kammer werden, wie bereits beschrieben, Filterrohrleitungen verlegt und an eine Umwälzpumpe angeschlossen. Die Kammer selbst wird mit Süßwasser gefüllt. Hierzu siehe auch Skizze 1. Da sich die Kühlkammer im Aquarium befindet, ist noch ein besserer Kühleffekt zu erzielen. Zur besseren Isolation ist das Aquarium selbstverständlich an allen Seiten mit 1 cm Styropor zu bekleben.

Will man auf einen Thermostaten verzichten, ist es auch möglich, das Kühlaggregat mittels einer Schaltuhr von Zeit zu Zeit abzuschalten, um ein Überhitzen des Motors zu verhindern. Die Zeiten, wie lange und in welchen Abständen die Maschine außer Betrieb gesetzt wird, hängt von der Größe des Aquariums und der Raumtemperatur ab. Nach einigen Tagen läßt sich schon ein befriedigender Zyklus für die Laufdauer der Kühlmaschine finden und einstellen.

Möglichkeit II: Die Kühlung soll unter dem Aquarium eingebaut werden. In diesem Fall ist es notwendig, das Aquarium oder den Aquarienschrank mindestens 15 cm von der Zimmerwand entfernt aufzustellen. Dies empfiehlt sich, da wir die Warmluft des Kühlaggregates hinter dem Becken aufsteigen lassen. Durch die Styropor-Isolation an der Rückseite des Beckens wird die Warmluft vom Aquarium nicht aufgenommen. Unter dem Aquarium muß soviel Platz verbleiben, daß die Kühlmaschine und ein Aquarium in der Größe von 30 bis 50 l untergebracht werden können. Dieses kleine Becken muß ebenfalls vollständig mit Styropor beklebt werden, um das bessere Kühlhalten des Süßwassers zu gewährleisten. Vom zu kühlenden Süßwasseraquarium aus wird ein Schlauch in eine Rohrleitung geführt, die im Kühlbecken befestigt wird. Zur Umwälzung ist ein Filtermotor oder auch der Motorfilter selbst notwendig. Auch bei dieser Anordnung muß für eine gute Belüftung der Kühlmaschine gesorgt werden. Dies erreicht man am besten, indem man unter oder neben ihr Plastikgitter in den Schrank einbaut. Sie erlauben eine ungehinderte Luftzirkulation. Die Rückseite sollte, wenn möglich, ganz frei bleiben. Ein zusätzlicher Ventilator verlängert die Lebensdauer der Kühlmaschine und erspart Ärger mit heiß werdenden Kühlmotoren. Eine dritte Variante, die einer meiner Freunde benutzt, ist die, den Verdampfer mit Polyester zu streichen und direkt ins Aquarium zu hängen. Diese Methode ist aber

m. E. nicht schön und noch dazu sehr risikoreich. Wenn der Polyesteranstrich nicht in mehreren Schichten fachgerecht ausgeführt wird oder nach einiger Zeit Risse bekommt, greift das Seewasser die Metallteile des Verdampfers an, und die Kühlflüssigkeit kann in das Becken laufen. Die Folge wäre der Verlust sämtlicher Tiere. Außerdem ist bei diesem Verfahren die Kühlwirkung geringer, da der Polyesteranstrich isolierend wirkt.

Pflege des Aquariums

Wie ein Süßwasseraquarium benötigt auch ein Meerwasserbecken eine regelmäßige Pflege. Diese Pflege ist jedoch bei gut eingelaufenen Becken nicht allzu aufwendig.

1. Regelmäßig die Sichtscheibe reinigen.
2. Reinigen der Deckgläser von der Salzkruste.
3. Regelmäßig die Holzausströmer auswechseln, die nach einiger Zeit fast keine Luft mehr hindurchlassen.
4. Reinigen von Schnellfiltern mit Motorantrieb. (Außenfilterbecken mit langsamem Durchfluß, wie ich sie verwende, werden höchstens alle 3 bis 4 Jahre ausgeräumt und neu eingerichtet.)
5. Wenn man bei starkbesetzten Becken einen Eiweißabschäumer verwenden muß, so ist dieser regelmä-

ßig zu entleeren. Ein Tausch des Ausströmers ist von Zeit zu Zeit notwendig.

6. Wasserwechsel. Bei gut eingelaufenen Aquarien und Außenfiltern, sowie einem mäßigen Tierbesatz ist es kaum notwendig, einen oftmaligen Wasserwechsel vorzunehmen. Oftmals kann man auch mit einem Wasserwechsel das biologische Gleichgewicht des Beckens empfindlich stören. Ich tausche ca. alle 6 Monate 15 % des Beckeninhaltes gegen frisches Wasser aus, d. h., bei einem 350-Liter-Becken werden 50 l altes Wasser abgepumpt und durch frisch angesetztes Seewasser erneuert. Bevor es ins Aquarium geleitet wird, durchlüfte ich das frische Seewasser einige Tage. Wasser, das durch Verdunstung verlorengeht, wird nur durch Auffüllen mit Süßwasser ausgeglichen. Zum Ansetzen von Seewasser sollte man möglichst kalkhaltiges Leitungswasser verwenden. In unserem Leitungswasser haben wir eine Karbonathärte von $15-17°$. Dadurch ist es vielen Tieren und Tierkolonien möglich, den Aufbau ihrer Kalkröhren oder Kalkgehäuse im Aquarium fortzusetzen.

7. Überlaufrohre in und aus dem Filterbecken müssen ebenfalls regelmäßig gereinigt werden. An der Innenwand bilden sich oft Algenpolster sowie Mulmablagerungen, die zu einer Verstopfung der Rohre führen. Eine im Handel erhältliche Bürste an einer langen Stahlfeder ist dafür bestens geeignet.

Tierbeschaffung und Transport

Die beste Gelegenheit, sich erst einmal versuchsweise Niedere Seewassertiere zu beschaffen, hat man meist während eines Urlaubs am Mittelmeer. Man kann die Tiere dort leicht im Flachwassergebiet fangen oder von den Felswänden ablösen. Besonders an den Küsten Jugoslawiens kann man in Tiefen bis zu 1,5 m schon eine akzeptable Menge verschiedener Tierarten für ein Seewasseraquarium einfangen. Vor allem die auf Steinen sitzenden Aktinien, Anemonen, Röhrenwürmer, Krustenanemonen etc. sowie die in Sand und Schlick zu findenden Zylinderrosen eignen sich gut dafür, ein schönes Mittelmeeraquarium einzurichten.

Ferner findet man in diesen Flachwasserbereichen auch Seesterne, Seeigel sowie kleine Einsiedlerkrebse, Garnelen, Schnecken und eine Vielfalt an bunten Schleimfischen. Da man aber im Urlaub meist zu viel Gepäck mitführt, als daß man noch Platz für größere Transportkanister im Auto hätte, ist es besser, man unternimmt mit einigen Gleichgesinnten eine kurzfristige „Fangreise", wie ich sie bereits beschrieb. Solche Fangreisen sollten aber nicht während der Ferien, sondern in der Nebensaison unternommen werden. Das Transportwasser wird im Sommer in den Behältern durch die Sonnenbestrahlung meist zu warm, und die Tiere gehen zugrunde.

Nach meinen Erfahrungen eignen sich vorzugsweise die Zeit zwischen Mitte Mai bis Mitte Juni sowie die Monate September und Oktober. Zu diesen Zeiten ist auch der Reiseverkehr nicht so stark, und es gibt keine stundenlangen Wartezeiten an den Grenzen, wodurch die Gefahr einer starken Wassererwärmung gegeben wäre. Am besten eignen sich Transportbehälter aus Plastik mit einem Volumen von 10 bis 25 Liter Inhalt und mit einem großen Schraubverschluß. In diese Verschlußkappe bohrt man zwei Löcher, um durch das eine einen Luftschlauch mit Ausströmer in den Behälter zu hängen. Mit einer Durchlüftungspumpe, die an die Autobatterie (6 oder 12 Volt) angeschlossen werden kann, ist es möglich, während der ganzen Heimreise das Wasser in den Transportbehältern zu durchlüften und so bessere Bedingungen für die Tiere zu schaffen. Ein Styroporbehälter eignet sich, um Einmachgläser mit Deckel sowie Plastiktüten zu transportieren, die wir für einzeln zu verpackende Tiere benötigen. Selbstverständlich dürfen bei solchen Fangreisen mehrere Netze in verschiedenen Größen nicht fehlen, da man damit oft aus Spalten in den Felswänden oder Algenwäldern kleinere Tiere fangen oder herausstreifen kann.

Stets habe ich auch eine kleine Luftpumpe für normalen Zimmerstrom mit, um den gefangenen Tieren bereits in meinem Quartier in den Transportbehältern das Wasser durchlüften zu können. Schließlich kann man ja nicht alle Tierarten am letzten Tag vor der Heimreise fangen.

Aktinien verpacke ich zu mehreren Exemplaren in Plastiktüten mit wenig Wasser. *Anemonia sulcata* dagegen ist einzeln verpackt in Gläsern oder Plastiktüten zu tranportieren. Lebende Steine, also mit Aufwuchs von Polypenkolonien, Seescheiden, Schwämmen oder Algen, werden vorsichtig in große Kanister geschichtet, so daß sie nicht hin und her rollen können. Röhrenwürmer *(Sabella)* kann man transportieren, wenn man einen Stein mit mehreren tiefen Löchern oder auch einen Teil eines Hohlblockziegels in den Kanister legt und die Röhren der Würmer in die einzelnen Löcher steckt. Aufrecht stehend transportierte Sabellen halten sich nach meinen Erfahrungen besser als lose in einen Behälter gelegte.

Garnelen und Kleinkrebse transportiere ich immer zu mehreren Exemplaren in Kanistern, in denen der Boden mit Steinen ausgelegt ist, die besonders den Krebsen Versteckmöglichkeiten bieten.

Zylinderrosen werden einzeln mit etwas Wasser in Plastiktüten verpackt. Leder- und Steinkorallen gibt man mit viel Wasser in große Plastiktüten und ordnet sie in Styroporbehälter, um ein Scheuern und Reiben zu verhindern. Nacktschnecken und Seescheiden sind gut in kleinen Einmachgläsern zu transportieren.

Ich habe in diesem Kapitel zuerst von der Möglichkeit des Selbstfangs gesprochen, da es meines Wissens nur sehr wenige Zoogeschäfte gibt, die Mittelmeertiere führen. Für den Zoohändler ist es natürlich einfacher, eine Bestelliste auszufüllen und später eine Sendung tropischer Niederer Tiere am Flughafen abzuholen, als selbst eine Fangreise an das Mittelmeer durchzuführen.

Nesseltiere – Stamm Cnidaria

Der Tierstamm Cnidaria oder Nesseltiere umfaßt drei Ordnungen. Es sind die Hydrozoa, Scyphozoa – Quallen – und die Anthozoa – Korallentiere –, die sich alle durch den Besitz sogenannter Nesselkapseln auszeichnen.

Zuerst sollen die wohl schönsten Pfleglinge in meinen Becken, die Blumen- und Korallentiere oder – wie sie wissenschaftlich heißen – Anthozoa, besprochen werden. Die Anthozoa gehören ebenso wie die Scyphozoa – die Quallen – und die Hydrozoa, die sowohl als festsitzender Polyp wie als freischwimmende Meduse vorkommen, zum Tierstamm der Cnidaria. Alle diese Tiere haben Nesselkapseln, die die Tiere hauptsächlich an ihren langen Tentakeln tragen und die ihnen zur Verteidigung und zum Beutefang dienen.

Blumentiere, Klasse Anthozoa

Sechsstrahlige Korallen, Unterklasse Hexacorallia

Seeanemonen oder Seerosen, Ordnung Actiniaria

Goldfarbene Seerose *Condylactis aurantiaca*

Im Seichtwasser ab 50 cm kann man neben der Wachsrose die dekorative Goldrose *Condylactis aurantiaca* finden. Die Tiere können eine Größe von 40 cm und einen Durchmesser von 7 cm erreichen. Die rund 90 bis 100 kräftigen, stumpf zulaufenden Tentakel sind ca. 7 cm lang und einziehbar. Ihre herrliche Färbung ist ziemlich konstant. Das Mauerblatt ist mit orangen- bis zinnoberroten Längsstreifen versehen, die unregelmäßig verteilt und geformt über den Körper verlaufen. Die Mundscheibe ist graugrün mit goldfarbenen Streifen und manchmal violett gesäumt.

Condylactis aurantiaca kommt nur im Mittelmeer vor und lebt meist tief eingegraben in Sand, Kies und Geröll, so daß nur die Tentakelkrone sichtbar bleibt. Stellenweise kann diese Seerose sogar häufig gefunden werden.

Goldfarbene Seerose *Condylactis aurantiaca*

Auch im Aquarium muß man ihr eine höhere Schicht des Bodengrundes bieten, um ihr das Eingraben zu ermöglichen. Für diesen Zweck verwende ich Muschelbruch in grober Körnung, der mindestens 10 cm hoch eingebracht werden muß. Sagen dem Tier die Verhältnisse nicht zu, so bläht es sich auf und wechselt mehrere Male den Standort. Die Goldfarbene Seerose ist wesentlich empfindlicher als die Wachsrose. Bei längerem Unbehagen blähen sich die Tiere auf, treiben an die Oberfläche und verenden. In diesem Zustand wird meist auch der Magen nach außen gestülpt, und es ist dringend notwendig, das Tier aus dem Becken zu entfernen, um nicht eine Schädigung der anderen Beckeninsassen zu riskieren. Obwohl sich Goldrosen leicht mit Muschelfleisch, Garnelen und Futtertabletten ernähren lassen, ist es mir persönlich nie gelungen, sie länger als ein Jahr am Leben zu erhalten. Ihre Nesselkraft erreicht bei weitem nicht diejenige Stärke, die die Wachsrose besitzt, so daß Vorsicht bei der Vergesellschaftung beider Arten geboten ist.

Purpurrose, auch Erdbeerrose oder Pferdeaktinie *Actinia equina*

Obwohl in verschiedenen Büchern immer wieder unterschiedliche deutsche Namen für diese Art gebraucht werden, möchte ich mich für den mir am zutreffendsten erscheinenden Namen Purpurrose entscheiden. Diese Seerose kommt in vielen Farbspielarten vor, in verschiedenen Braun-, Grün- und Rotfärbungen, wobei die Anzahl der rotgefärbten Exemplare den anderen gegenüber vorherrschend ist.

Die Art kommt auf felsigem Untergrund, in Mulden, Spalten und Höhlen der Flachwasserzone vor. Die Purpurrose findet man mit Ausnahme der Ostsee an allen europäischen Küsten sehr häufig. Tagsüber sitzen sie meist zusammengezogen auch auf stark besonnten Felsen in der Gezeitenzone und kommen vom Seichtwasser bis zu einer Tiefe von ca. 10 m vor.

Sie werden bis zu 7 cm hoch und besitzen einen Durchmesser von 6 cm und mehr. Im Aquarium kann man sie durch gezielte Fütterung bis zu 15 cm Durchmesser heranziehen. Sie haften sehr fest auf ihrer Unterlage, und man muß sehr vorsichtig und geduldig sein, um sie unbeschädigt davon abzulösen.

Am Saum ihrer Fußscheibe zieht sich ein blauer Ringstreifen entlang. Rings um die Mundscheibe befinden sich türkisblaue Randsäckchen, die eine besonders starke Nesselkraft besitzen, um näherrückende Artgenossen und Feinde abzuwehren. Verletzungen, die durch diese Randsäckchen entstehen, heilen im allgemeinen bei gesunden Tieren sehr schnell. *Actinia equina* besitzt bis zu 192 maximal 2 cm lange spitz zulaufende und sehr dichtstehende Tentakel. Nicht übertrieben ist es, wenn man die Purpurrose als im Aquarium ausdauerndste Aktinie bezeichnet, denn eine Lebensdauer von zehn und mehr Jahren sind absolut keine Seltenheit. Sie lieben stark bewegtes Wasser und sitzen am liebsten knapp unter der Wasseroberfläche, wo die Strömung am stärksten ist.

Wenn das Aquarium tagsüber nicht beleuchtet ist und eine tägliche Fütterung mit Cyclops oder Artemia vorgenommen wird, sind die Tiere fast immer geöffnet.

Purpurrosen können sehr lange hungern; mehrere Wochen oder Monate halten sie ohne Futter durch. Leicht kann man diese Seerosenart bei einem Urlaub am Meer sammeln und in Plastiktüten mit nur wenig Meerwasser nach Hause transportieren.

Ich pflege sowohl Tiere aus dem Mittelmeer als auch aus der Nordsee. Die Nordsee-Exemplare halte ich in einem gekühlten Becken bei einer Wassertemperatur von ca. 16° C. Man kann die Tiere auch langsam an etwas höhere Temperaturen gewöhnen, leider sind sie dann aber nicht immer geöffnet. Tiere aus dem Mittelmeer halten hingegen Temperaturen bis über 30° C aus.

Actinia equina aus dem Mittelmeer ist wesentlich kräftiger gefärbt als ihre Verwandte aus der Nordsee. Während die meisten Exemplare aus dem Mittelmeer ein richtiges Purpurrot aufweisen, zeigen sich die Tiere aus der Nordsee mehr in einem Altrosa.

Beide bringen lebende Junge zur Welt. Die Vermehrung konnte ich bei meinen Tieren auf folgende Weise

Purpurrose *Actinia equnina*

immer wieder beobachten: Mittelmeerexemplare stoßen meist in der Nacht bis zu mehrere hundert fertigentwickelte Jungtiere aus, die nur eine Größe von maximal 1 mm haben. Diese Jungtiere versammeln sich meist rund um das Muttertier auf Steinen und den Aquarienscheiben.

Besonders interessant erschien mir folgende Beobachtung, die mir jedoch nur zweimal gelang: Ein Exemplar öffnet sich trotz guter Fütterung mehrere Tage nicht, sondern begann sich mit einer milchigen Schleimhülle zu umgeben. Unter dieser Schleimhülle löste sich das Muttertier auf, und eine größere Anzahl Jungtiere kam zum Vorschein. Nachdem die Schleimhülle verschwunden war, wanderten die kleinen Purpurrosen von diesem Platz ab, um sich irgendwo im Aquarium festzusetzen.

Bei *A. equina* aus der Nordsee geht die Vermehrung folgendermaßen vor sich: Besonders im Frühjahr werden unter der fast transparenten Außenhaut kleine Kugeln sichtbar, die die gleiche Farbe wie das Muttertier besitzen. Nach ca. 2 bis 3 Wochen beginnt das Auswandern der Jungtiere durch die Mundöffnung. Über die Mundscheibe und das Mauerblatt gelangen die Tiere auf das Substrat. Dieser Vorgang kann einige Tage , manchmal auch nur einige Stunden dauern.

Die Jungen sind bei der Geburt schon ca. 5 mm groß und können daher leichter aufgezogen werden als Jungtiere der gleichen Art aus dem Mittelmeer. Zusammenfassend kann ich sagen, daß *Actinia equina* ein hervorragendes Pflegeobjekt für den Anfänger der Seeaquaristik ist und ohne großen technischen Aufwand auch in kleinen Becken gehalten werden kann. Eine Vergesellschaftung mit tropischen Niederen Tieren und Korallenfischen ist möglich.

Gürtelrose oder Ringelrose *Actinia cari*

Diese nur auf das Mittelmeer beschränkte, stumpfkegelige Actinie erreicht einen Durchmesser bis zu 7 cm und eine Höhe von 5 cm. Der Körper ist meist grün, grünlich, braun oder blaugrün. Den Namen Gürtelrose verdankt sie einem tiefschwarzen Streifen auf dem Mauerblatt, der den Körper gürtelförmig umgibt. Auch sie besitzt wie die Purpurrose bis zu 192 spitzzulaufende, bis 2 cm lange, einziehbare Tentakel, die von derselben Farbtönung wie die Körperfarbe, in seltenen Fällen etwas heller sind. Auch die Mundscheibe ist gleichgefärbt mit weißlichen, grünen oder blauen Randwarzen. Die dunklen Streifen, die den Körper umgeben, sind von verschiedener Stärke, manchmal nur sehr schwach ausgeprägt.

Zu finden sind die Tiere auf Felsen, Steinen, Hafenmauern, meist an glatten Steinunterseiten unterhalb der Ebbelinie, ab 0,5 m bis 1,5 Tiefe, aber nicht sehr häufig. Die Tiere können beim Zusammenziehen sehr flach werden. Sie sind wie die Purpurrose im Aquarium sehr ausdauernd, und Exemplare, die über mehrere Jahre im Aquarium gepflegt werden, können einen Durchmesser von 10—12 cm erreichen.

Die Ansprüche, die dieses Tier in bezug auf Standort im Aquarium und Fütterung stellt, gleichen denen der Purpurrose. Ich habe *Actinia cari* auch erfolgreich in tropischen Seewasserbecken gepflegt, wobei diese Actinie gerne von Anemonenfischen, insbesondere von *Amphiprion ocelaris* als Symbioseanemone angenommen wurde.

Sonnenrose *Cereus pedunculatus*

Die Sonnenrose ist auch unter dem Namen Seemannsliebchen bekannt. Ihr Vorkommen erstreckt sich vom Mittelmeer bis zur Nordsee. Gefunden wird sie auf Gestein, Schalen, Schlamm- und Sandgrund von 0 bis über 90 m Tiefe.

Sie erreicht eine Höhe von 10 cm, der Durchmesser der Fußscheibe kann 3 cm betragen. Ich habe verschiedene Exemplare in den Färbungen Braun, Gelb, Weiß und Rosa gepflegt. Das Mauerblatt ist in der oberen Hälfte mit zahlreichen Saugwarzen bedeckt, die kleine Fremdkörper festhalten. Die über 700 Tentakel sind zart, kurz und spitzzulaufend. Sie stehen in 8 Kreisen angeordnet an der überhängenden oft gelappten Mundscheibe. In den letzten Jahren habe ich vorwiegend bräunliche Exemplare gepflegt. Sie sitzen stets auf Stei-

42

nen, die auf dem Bodengrund aufliegen, und stecken ihren Fuß in enge Löcher und Spalten. Manchmal heften sie sich auch an der Unterseite der Steine fest, wo sie auf dem Sand aufliegen. *Cereus pedunculatus* ist lebendgebärend und stößt fertige Jungtiere aus. Die neugeborenen Jungen sind weißlich durchsichtig wie Glasrosen und nehmen die Färbung der Eltern im Laufe der ersten drei Monate erst allmählich an.

Die Tiere haften sehr fest an ihren Unterlagen und sind schwer davon abzulösen. Gewaltsames Ablösen führt meist zu Verletzungen, so daß man die Tiere am besten mit den Steinen mitnehmen und damit in das Becken überführen sollte. Eine zu starke Beleuchtung und direkte Sonneneinstrahlung lieben sie nicht und reagieren darauf durch Zurückziehen in Felsspalten oder unter Steine.

Sowohl in der Färbung als auch der Form der Mundscheibe variiert diese Anemone außerordentlich. Die Bezeichnung Sonnenrose trifft für alle Farbspielarten zu, da die strahlenförmige Zeichnung auf der Mundscheibe dies symbolisiert.

Schlangenhaarrose *Actinothoe clavata*

Diese Art kommt an felsigen Stellen der Gezeitenzone vor, häufiger jedoch in tieferem Wasser, bis zu 30 m Tiefe. Schlangenhaarrosen sind recht haltbar und ausdauernd.

Sie halten sich am besten in gekühlten Becken bei einer Temperatur von 18−20° C, lassen sich aber auch in Aquarien ohne Kühlung eine Zeitlang halten. Sie können durchaus eine Größe von 12 cm erreichen, während die Mundscheibe bis 3 cm und die Fußscheibe bis 6 cm Durchmesser aufweisen kann. Die mehr als 200 dünnen, bis 10 cm langen Tentakel hängen bei schwach bewegtem Wasser nach den Seiten herunter. Oft zeigen sie eine gekrümmte, geschlängelte Form. Die auf Felsen, Steinen, Muschel- und Austernschalen sitzenden Tiere sind meist weißgrau, aber auch bräunlich bis olivgrün. In seltenen Fällen sind auch leicht rötliche Stücke mit hervortretenden helleren Längsstreifen zu finden. Die Schalen lebender Schnecken oder solche, die von Einsiedlerkrebsen bewohnt werden, dienen ebenfalls als Unterlage, wobei es sich aber wohl nicht um eine Symbiose handeln dürfte.

Die Körperwand ist glatt, ohne Saugwarzen; die Tentakel meist durchscheinend farblos. Wie uns bis jetzt bekannt, ist die Schlangenhaarrose ausschließlich eierlegend. Junge Exemplare strecken die Fangarme mehr nach oben oder zur Seite aus.

Der Name Schlangenhaar ist eine Übersetzung des früheren Artnamens *A. anguicoma* und bezeichnete Aussehen und Haltung der Tentakelkrone. Die Schlangenhaarrose kommt im Mittelmeer, Atlantik und der Nordsee vor. Ähnlich aber nicht so groß ist *Sagartia viduata,* aus den gleichen Gebieten und der Ostsee.

44

Edelsteinrose oder Warzenrose
Bunodactis verrucosa

Diese Art ist lebendgebärend und schreitet bei mir meist von März bis Mai regelmäßig zur Fortpflanzung. Die Jungtiere sind leicht aufzuziehen, da sie große Futterstücke bewältigen können.

Die Edelsteinrose kann eine Höhe von 6 cm und einen Durchmesser von 3 cm erreichen. Die Tentakel und die Mundscheibe sind meist unterschiedlich gefärbt und zwar grau, rosa oder rot bis bräunlich mit 6 Längsreihen weißer Saugwarzen und 42 weiteren Reihen bläulicher bis rötlichgrauer Warzen.

Sie ist im Seichtwasser an Steinunterseiten oder in Felsspalten zu finden, die mit Sand gefüllt sind. Im Aquarium heftet sie sich an kleine Steinchen im Bodengrund oder sogar an der Bodenscheibe fest. Sie ist dämmerungsaktiv und am Tage nicht leicht zu finden.

Die Edelsteinrose kommt sowohl im Mittelmeer als auch an der Atlantikküste vor. Die Farben der Tiere aus dem Atlantik sind nicht so leuchtend, aber sie werden in der Freiheit wesentlich größer als die Mittelmeerform. In der Futteraufnahme sind sie nicht wählerisch, sondern nehmen vom Wasserfloh bis hin zu halben Futtertabletten alles. Auch bezüglich der Wassertemperatur ergeben sich keine Schwierigkeiten, da sie von 12–28° C keine Unverträglichkeiten erkennen ließen.

Siebanemone *Aiptasia mutabilis*

Symbiotische Algen wie bei der Wachsrose finden wir ebenfalls in der Siebanemone. Die Farbe der Tiere ist meist bräunlich bis grünlich, bei Mangel der symbiotischen Algen auch weiß. Die Tentakel sind oft marmoriert und bilden eine charakteristische Krause. Die Tiere werden bis zu 20 cm lang und erreichen einen Durchmesser bis 3 cm, die Tentakel, die nicht ganz rückziehbar sind, eine Länge bis zu 6 cm.

Zu finden ist sie auf Felsgrund an Gestein und Muschelschalen und nicht selten in Spalten und Löchern, oft nur schwach haftend, im Seichtwasser bis 2 m Tiefe. Ihr Verbreitungsgebiet beschränkt sich nur auf das Mittelmeer. Die Tiere kann man leicht ablösen, wenn man sie mit dem Untergrund aus dem Wasser hebt.

Bei guter Fütterung – die Tiere benötigen größere Futterbrocken – und ausreichender Beleuchtung sind sie über mehrere Jahre gut haltbar.

Durchsichtige Siebanemone *Aiptasia diaphana*

Wesentlich kleiner als *Aiptasia mutabilis* ist die Durchsichtige *Aiptasia diaphana,* die ebenfalls im Mittelmeer lebt. Die Färbung ist meist weißlich bis bräunlich, aber trotzdem durchsichtig. Der Körper ist zart bis 5 cm hoch und erreicht einen Durchmesser bis ca. 1 cm. Die Tentakel werden nur bis zu 2 cm lang und sind nach außen hin heller gefärbt.

Die Nesselfäden sind ganz weiß und werden bei Berührung durch die Tentakelspitzen, die Mundöffnung und aus Öffnungen im Mauerblatt ausgestoßen. Diese Aktine ist meist auf Muschelbänken und Gestein, aber auch an Pfählen von Hafenbauten zu finden. Sie haften nicht sehr fest auf ihrer Unterlage.

Leider können diese Tiere, besonders im Sommer, zu einer wahren Pest in nichtgekühlten Aquarien werden. Ein Ansteigen der Temperatur bewirkt eine starke Vermehrung durch Lazeration, d. h., die Tiere trennen an der Fußscheibe kleine Stücke ab, die sich im Verlauf einiger Tage zu kleinen Aktinen entwickeln. Sie bilden dann an der Dekoration und an den Aquarienscheiben regelrecht rasenförmige Kolonien. Es werden auch andere Tiere wie Seescheiden, Schwämme, Röhrenwürmer usw. von ihnen überzogen und zum Absterben gebracht.

Durch den bräunlich-glasigen Körper jüngerer Glasrosen hinduch sind das Schlundrohr und die Mesenterien zu erkennen. Durch gezielte Fütterung mit größeren Futterbrocken kann man im Aquarium prächtige Riesentiere heranziehen. Am besten sind die Tiere in kleineren Aquarien für sich allein oder in Verbindung mit Chaulerpa zu halten. Auch so können kleine dekorative Becken entstehen.

Schmarotzerrose *Calliactis parasitica*

Schmarotzerrosen sind meist auf größeren Schneckengehäusen zu finden, die von Einsiedlerkrebsen bewohnt werden. Beim Zusammenleben zwischen Schmarotzerrosen und Einsiedlerkrebsen handelt es sich nicht, wie der Name der Art andeutet, um Parasitismus, sondern um eine Symbiose. Oft befinden sich mehrere Exemplare auf Murex-Gehäusen, die gelegentlich auch noch von der Schnecke selbst bewohnt werden können. Wechselt der Krebs das Schneckengehäuse, weil es ihm zu klein geworden ist, so wird auch die Aktinie übersiedeln.

Die Schmarotzerrose wird bis zu 10 cm hoch und erreicht einen Durchmesser bis zu 4 cm. Die Tentakelanzahl liegt zwischen 300 und 700, die Länge einer jeden kann 2 cm erreichen. Die Färbung des Mauerblattes ist graubraun mit weißlichen oder bräunlichen Längsstreifen. Selten können die Streifen auch gelblich bis orangefarben sein. Die Tentakel sind durchscheinend hellgrau, mit unterbrochenen dunklen Längsstreifen.

Die Nesselfäden sind weiß, oft auch violett und werden schon bei geringeren Reizungen ausgestoßen. Das Ausstoßen erfolgt auch durch das Mauerblatt. Sie ist vom Mittelmeer, der europäischen Atlantikküste bis zum Kanal in Tiefen ab 3 m anzutreffen.

Wenn man Einsiedlerkrebse, die mit *Calliactis* in Symbiose leben, im Aquarium pflegt, ist es ratsam, sie nicht mit anderen Seeanemonen zu vergesellschaften, denn durch das Herumwandern der Krebse im Aquarium kommen die Schmarotzerrosen unweigerlich mit anderen Blumentieren in Berührung, was immer für das eine oder andere Tier mit starker Vernesselung endet. In der Futteraufnahme sind sie nicht sehr wählerisch, fast alles, was sie bewältigen können, wird angenommen. Es kommt oft vor, daß Schmarotzerrosen, die im Aquarium ihren Symbiosepartner, den Krebs oder die Schnecke, verlieren, eingehen. Es ist mir aber auch schon einige Male gelungen, die Aktinie nach dem Tod ihres Partners fast ein ganzes Jahr am Leben zu erhalten. Das Tier muß mit seiner Unterlage, dem Schneckenhäuschen, an einen Ort im Aquarium gebracht werden, an dem eine gute Strömung herrscht und ein ausreichendes Futterangebot vorhanden ist.

Die Tiere vermehren sich ovipar, d. h., sie geben die Eier und die Spermien direkt ins Wasser ab. Dies geschieht meist von Juli bis August. Aus den befruchteten Eiern entstehen bewimperte Larven, die einige Wochen im Plankton leben, bevor sie sich festsetzen.

Mantelrose, Mantelaktinie oder Bunte Aktinie
Adamsia = Actinia palliata

Ebenfalls in Symbiose mit Einsiedlerkrebsen leben die Mantelrosen. Ausgewachsen sind sie stets einzeln auf

Schneckengehäusen zu finden, die von Einsiedlerkrebsen bewohnt werden. Stets leben sie in enger Symbiose mit dem Einsiedlerkrebs *Eupagurus prideauxi*. Die Aktinie erreicht einen Durchmesser bis 3 cm, während die Fußscheibe das vom Krebs bewohnte Schneckenhaus umfaßt und einen Durchmesser von 7 cm erreicht. Die Mundscheibe ist nach unten vorn gerichtet und befindet sich in der Nähe der Mundwerkzeuge des Krebses, um leicht an kleine Nahrungsteile heranzukommen.

Das Mauerblatt ist in der Regel abgeflacht, an der Oberseite gelblich bis bräunlich, mit rosafarbenen bis purpurroten Flecken. Die Aktinie hat bis zu 500 feine, kurze weißliche Tentakel, die in 8 alternierenden Kreisen angeordnet sind. Bei geringster Berührung stößt sie violette oder rosafarbene Nesselfäden aus, die einen wirksamen Schutz für den Krebs darstellen.

Die an der Oberseite zusammenstoßenden Ränder der Fußscheibe können durch ein chitinöses Sekret, dem Wachstum des Krebses entsprechend, die Gehäuseöffnung verlängern. Die lebende Hülle wächst also mit.

Diese Aktinie ist von 3 bis 100 m Tiefe, vorwiegend auf Sand- und Schlammgrund, im Mittelmeer, dem Atlantik und der Nordsee zu finden. Die Mantelrose ist wie die Schmarotzerrose eierlegend, d. h., auch Spermien werden direkt ins Wasser abgegeben. Nach dem Tod des Anemomeneinsiedlers nimmt die Mantelrose zwar noch wochenlang Nahrung auf, geht aber schließlich doch zugrunde.

Schmarotzerrose *Calliactis parasitica*

Tangrose *Sagartia rhododactylos*

Diese Anemone gehört meines Erachtens zu den seltenen Arten, die wir im Aquarium halten können. Nicht, weil sie sich schlecht halten ließe, sondern weil sie selten zu finden ist.

Die Färbung der Exemplare ist sehr unterschiedlich. Manchmal findet man sie in lebhaften orangefarbenen oder rötlichen Tönen, mit braungelben oder orangefarbenen Tentakeln, die selten weiß oder auch gefleckt sind. Auf dem Mauerblatt befinden sich unregelmäßig Saugwarzen, an denen auch kleine Fremdkörper (Steinchen, Muschelbruch usw.) haften. Die Mundscheibe ist meist bräunlich, in seltenen Fällen gefleckt. Die Tiere werden bis 8 cm hoch, die Fußscheibe erreicht 5 cm, die Mundscheibe ca. 4 cm Durchmesser. Die etwa 200 Tentakel sind bis ca. 1,5 cm lang, spitz und in 5 Kreisen angeordnet. Zu finden ist diese Anemone in Mulden und Spalten auf felsigem Untergrund, manchmal auch am Grund von Tangwäldern und auf Seescheiden der Gattung *Mikrokosmos*. Von der Gezeitenzone bis zu einer Tiefe von 100 m sind diese Tiere im Meer zu finden.

Ihr Verbreitungsgebiet erstreckt sich vom Mittelmeer über den Atlantik bis zur Nordsee. Die aus dem Flachwasser stammenden Tiere sind gegen höhere Temperaturen (über 20° C) nicht empfindlich. Eigenartigerweise ist bei einer zu starken Fütterung ein Schwund der

Tentakel feststellbar, und die Tiere gehen schneller ein als weniger gefütterte Exemplare. Deshalb empfiehlt es sich, keine allzu großen Futterbrocken zu reichen. Die Tiere haften sehr fest auf ihrer Unterlage und sind ohne Verletzungen nicht davon ablösbar. Wenn möglich, sollte man auch sie mit einem Stein oder anderem Untergrund mitnehmen.

Dohrns Seeanemone
Amphianthus dohrnii

Ebenfalls selten im Aquarium zu finden ist die Dohrns Seeanemone. Bei dieser Art handelt es sich um einzeln lebende kleine Anemonen, die nur bis 1,5 cm hoch werden, aber meist sehr dicht, kolonieähnlich auf abgestorbenen Hornkorallen siedeln.

Ihre Färbung ist weiß bis gelblich. Und die Kolonien werden deshalb auch manchmal mit der Gelben Krustenanemone verwechselt. Die Fußscheibe wird hülsenartig um den Zweig gebogen, der ihnen als Unterlage dient.

Ihre Heimat ist das Mittelmeer und der Atlantik bis zur Kanalküste. Dort sind sie von 30 m Tiefe an zu finden. Im Aquarium sind sie unter Überhängen oder in gut durchströmten Höhlen, also dunkel, zu halten. Eine Wassertemperatur unter 20° C ist auf alle Fälle notwendig, um sie am Leben zu erhalten.

Wenn den Tieren die Lebensbedingungen zusagen, tritt manchmal eine Vermehrung durch Abtrennen der Fußscheibe ein, also die gleiche Vermehrungsart, die auch bei der Glasrose möglich ist. *Amphianthus dohrnii* benötigt ihrer Größe entsprechend kleines Planktonfutter.

Adrianelke *Diadumene cincta*

Sie wird auch „Unechte Zwergnelke" oder „Schlanke Diademseenelke" genannt. Diese Seenelke soll bis 7 cm groß werden, doch habe ich jetzt nur Exemplare bis zu einer Größe von 3 bis 4 cm gesehen. Meine Tiere, die ich schon mehrere Jahre in einem gekühlten Becken pflege, sind höchstens 3 cm hoch. Es gibt bräunliche, orangefarbene, und durchscheinend lachsfarbene Exemplare. Die ca. 200 einziehbaren Tentakel haben eine Länge von 1—1,5 cm. Im Raum von Venedig beobachtete ich im flachen Wasser an der Unterseite von großen Felsblöcken schöne bis zu 30 cm Durchmesser große Kolonien. Daher ist es auch möglich, die Tiere bei Temperaturen über 20° C zu halten, doch sollten sie nicht über längere Zeit einer Temperatur von über 25° C ausgesetzt werden. Ich habe bemerkt, daß die Tiere am liebsten fast unmittelbar in der Nähe der Turbelle sitzen, um direkt in der Strömung zu stehen. Schaltet man die Turbelle aus, ziehen sie ihre Tentakel ein.

Adrianelke *Diadumene cincta.*

Die Adrianelke vermehrt sich bei optimalen Bedingungen im Aquarium gut. Die Tiere schnüren nach Art der Glasrose kleine Stücke von ihrer Fußscheibe ab, aus denen sich dann die Jungtiere entwickeln. Bis jetzt konnte ich nur eine Vermehrung im gekühlten Aquarium beobachten. Nach meinen Erfahrungen liegt die günstigste Temperatur bei 16–18° C.

Es wird kleines Lebendfutter wie Cyclops, Daphnien und andere kleine Nauplien bevorzugt. Größere Futterbrocken werden zwar manchmal hinuntergewürgt, aber nach einigen Stunden meist wieder unverdaut ausgespuckt.

Im Raum von Venedig ist auch eine weiße Variante dieser kleinen Seenelke zu finden, die bei den Aquarianern „Falsche Adrianelke" genannt wird. Ich bin allerdings der Meinung, daß es sich um eine Standortvariante von *Diadumene lucie* handelt. Auch sie vermehrt sich zeitweise recht explosionsartig auf dieselbe Weise wie *Diadumene cincta*.

Korallenanemone des Mittelmeeres
Corynactis viridis

Diese Anemone fand offenbar bisher wenig Beachtung. So fand ich sie in keinem Fachbuch erwähnt und auch vielen versierten Mittelmeeraquarianern ist diese Korallenanemone unbekannt oder sie kennen sie nur vom Hörensagen. Da ich seit einigen Jahren sehr schöne

Kolonien von diesen Tieren besitze, habe ich mich an meinen Freund, Peter Wilkens, gewandt, dem ich auf diesem Weg für einige wissenschaftliche Angaben recht herzlich danken möchte.

Systematisch ergibt sich zur Zeit folgendes Bild:

Stamm:	Coelenterata
Unterstamm:	Cnidaria
Klasse:	Anthozoa
Unterklasse:	Hexacorallia
Ordnung:	Actinaria

Familie:	Actinodiscidae	Familie:	Corallimorphidae
Gattung:	Actinodiscus	Gattung:	Corynactis
	Rhodactis		Corallimorphus

Alle 4 Gattungen beherbergen aquaristisch sehr interessante und haltbare Blumentiere. Die Gattung *Corynactis* ist weltweit verbreitet in allen subtropischen und gemäßigt kalten Meeren. Diese hübschen Blumentiere sind eigentlich immer übersehen worden, vermutlich weil sie mehr im Dunkeln gedeihen.

Kalte Auftriebströmungen scheinen für die Angehörigen der Gattung wichtig zu sein. Peter Wilkens fand *Corynactis viridis* vor allem an der südspanischen Küste im Austauschbereich von Mittelmeer und Atlantik. Ferner an der französischen Kanalküste und besonders reichlich an der spanischen Atlantikküste Asturiens. Dort gab es an abgeschatteten Felsstandorten Kolonien von fast 0,5 m² Größe.

Die Arten der Gattungen *Corynactis* und *Corallimorphus* werden mit ihrem deutschen Namen wegen ihrer immer geknöpften Tentakel auch Knöpfchen- oder Korallenanemonen genannt. Ich pflege diese Kolonien nun schon seit mehr als fünf Jahren in meinem 350-l-Becken, das mit einer Kühlung versehen ist. Auf zwei Steinen habe ich diese Tiere von einem Bekannten bekommen, die er in einer Höhle abschlagen konnte. Die Anemonen haben eine sehr schöne Orangefärbung, die Tiere der einen Kolonie besitzen noch zusätzlich grüne Mundscheiben.

Nach meinen Erfahrungen ist *Corynactis viridis* sehr haltbar, wenn die Wassertemperatur nicht über 20° C ansteigt. Wenn sie mit kleinstem Futter (Cyclops, Artemia u. a.) gefüttert werden, vermehren sie sich sehr gut durch Längsteilung. So ist es ohne weiteres möglich, daß sich im Verlauf von ein bis zwei Jahren ganze Steinformationen oder auch die Seitenscheiben des Aquariums mit *Corynactis* überziehen. Dabei bestehen die kolonieförmigen Verbände immer aus Einzeltieren, also hängen nicht wie bei den Krustenanemonen zusammen.

Zusammenfassend sei noch folgendes gesagt:

Es ist günstig, *Corynactis viridis* in unbeleuchteten Becken oder unter Überhängen zu pflegen. Von großer Wichtigkeit sind auch eine Wassertemperatur unter 20° C und eine starke Wasserbewegung im Aquarium. Bei Vergesellschaftung mit Zylinderrosen konnte ich

Wachsrose *Anemonia sulcata*

feststellen, daß sich die Tiere nicht vermehren. Nach Umsetzen der Zylinderrosen in ein anderes Becken kam es zu einer stark erhöhten Vermehrungsrate.

Wachsrose *Anemonia sulcata*

Diese prächtige Aktinienart tritt an der Mittelmeerküste fast überall häufig auf. Man findet sie im Seichtwasser ruhiger Buchten oder oft massenhaft auf lichtexponierten Felsen dicht unter dem Wasserspiegel, wo man sie leicht sammeln kann. Völlig entfaltet ist sie eine stattliche Anemone, die einen Durchmesser von 20 cm und mehr erreichen kann. Um die Wachsrose im Aquarium am Leben zu erhalten, benötigt man eine starke Beleuchtung. Daß sie viel Licht benötigt, ist auch schon daran ersichtlich, daß sie dicht unter der Wasseroberfläche zu finden ist. Tiefer als 6 m kommt die Wachsrose nicht mehr vor. Durch die Symbiose mit im Gewebe lebenden Algen – Zooxanthellen – erhält diese Aktinie ihre gelbbraune oder grüne Farbe. Fehlen diese Algen, so wird die Wachsrose immer heller, bis sie farblos erscheint, sich von der Unterlage löst und verendet.
Körper und Mundscheibe sind vorherrschend braun, aber auch weiße, graue und rötliche Individuen kommen vor. Bei einigen Exemplaren leuchten die Spitzen der Tentakel in lila und violetten Farbtönen. Die 180–200 in mehreren Kreisen angeordneten Tentakel

können bis zu 15 cm lang werden. Sie enden stumpf, nesseln bei Berührung stark und reißen leicht ab.

Zwar werden von der Wachsrose zwischen Mai und Juli zur Vermehrung Eier gelegt, doch ist auch eine Längsteilung der Aktinie möglich, wie ich sie schon mehrfach in meinen Becken beobachten konnte. Das Tier schnürt sich von oben nach unten ein, und die beiden Hälften trennen sich dann im Verlauf einiger Tage. Die Wachsrose ist – wie bereits erwähnt – im Mittelmeer beheimatet, man kann sie aber auch an der europäischen Atlantikküste und der Südküste von England finden. Für das Aquarium ist sie besonders gut geeignet, doch sollte man sie nur unter ihresgleichen halten, da sie stark nesseln. Vorsicht ist deshalb geboten, wenn man sie in ein stark mit anderen Tieren besetztes Becken setzen will.

Die Berührung der Tentakel ist für andere Aquarienbewohner oft lebensgefährlich. Die Wachsrose liebt eine Salzkonzentration von etwa 1,028 %, in salzärmerem Wasser kommt sie nicht zur vollen Entfaltung. Ich habe Wachsrosen bereits mit gutem Erfolg in kleinen Becken von 50 Liter gehalten. Beleuchtet wurden diese Becken mit je zwei 20-Watt-Leuchtstoffröhren, Weißton, die 12 bis 16 Stunden am Tage eingeschaltet waren. Gefiltert wurde über ein kleines Außenfilterbecken, das mit Watte und Muschelgrus gefüllt war. Die notwendige kräftige Wasserströmung wurde durch einen starken Ausströmer im Becken erzeugt. Einen Wasserwechsel habe ich nie vorgenommen, sondern nur wöchentlich die Wassermenge mit kaltem Leitungswasser nachgefüllt, die verdunstet war. Bei solch einfacher Haltung darf nicht in großen Mengen gefüttert werden. Installiert man jedoch einen Eiweißabschäumer, kann man auch größere Futterbrocken reichen.

Wachsrosen nehmen alles, vom kleinsten Wasserfloh, bis hin zu Miesmuschelfleisch und kleinen Fischen. Besonders schöne Tiere werden Sie haben, wenn Sie Ihrem Wachsrosenbecken einen Fensterplatz einräumen und die Sonne ein paar Stunden in das Becken scheinen kann.

Steinkorallen, Ordnung Madreporaria

Steinkorallen sind meist kolonienbildend, seltener solitär lebend. Sie gehören zur Gruppe Hexacorallia mit mehr oder weniger kompaktem, weißem Kalkskelett, das vom Ektoderm des Polypenfußes, bzw. auch der verbindenden Körpermasse koloniebildender Arten abgeschieden wird. Dieses Skelett ist mit seiner Basalplatte immer auf einer festen Unterlage angewachsen. Bei Kolonieskeletten wird fast laufend weitergebaut, dabei bewohnen die Polypen jeweils nur die Terminalzone, während der untere Teil abstirbt.

Als erstes möchte ich die Rasenkoralle *Cladocora cespitosa* erwähnen. Sie ist wohl die am meisten zu findende Steinkoralle im Mittelmeer. Die Rasenkoralle ist koloniebildend und besitzt ein weißes Kalkskelett, das aber zu Lebzeiten von den braunen Polypen überzogen wird. Die Kolonien sind entweder polster-, büschel- oder strauchförmig mit annähernd parallel stehenden, meist 3−10 cm hohen Kelchröhren. Der Durchmesser einzelner Stöcke oder Kolonien kann bis zu 50 cm betragen. Die Rasenkoralle ist an Felsen, auf Geröll, an Steinen und Muschelschalen zu finden. Sie bedeckt häufig große Flächen und kommt vom Flachwasser bis in große Tiefen vor. Sie liebt stark bewegtes, sauerstoffreiches kühles Wasser.

Besonders schön sind die Kolonien der orangeroten S t e r n k o r a l l e *Asteroides calycularis*. Sie ist an Felsen und Steinen, meist in Höhlen, selten aber auf Sandgrund an festen Bodengegenständen zu finden. Die Sternkoralle ist koloniebildend, meist polsterförmig mit konvexer Oberfläche. Das Kolonienskelett ist bienenwabenähnlich mit dichtstehenden, auf ganzer Länge miteinander verbundenen Kelchen, deren Mündung bei 5−8 mm Durchmesser gewöhnlich leicht achteckig erscheint. Die Polypen sind orangefarben wie die Körpermasse, die auch das Kalkskelett überzieht. Wird dieser Überzug beim Transport oder beim Einsetzen ins Aquarium beschädigt, sterben auch die Polypen meist rasch ab. Man befestigt sie im Aquarium an Höhlendecken wie die Sternkoralle *Tubastrea* aus den trop. Meeren. Für eine starke Strömung in diesen Höhlen ist zu sorgen. Sie erhöht das Wohlbefinden und die Lebensdauer dieser Kolonien. Da die Polypen verhältnismäßig groß sind, kann auch größeres Futter gereicht werden.

Zu den solitärstehenden Steinkorallen gehören die Nelkenkoralle *Caryophyllia clavus* und die Warzenkoralle *Balanophyllia italica,* auch als *Balanophyllia verrucaria* bekannt. Die Polypen wachsen einzeln, wie schon der Name Solitärkoralle aussagt; doch wenn man Glück hat, kann man mehrere solcher Einzelpolypen auf demselben Substrat finden. Beide Arten haben durchsichtige farblose, rosafarbene bis gelbbräunliche Polypen, die im Kelch zusammengezogen sind oder daraus aufragen. Die 1 cm im Durchmesser bis 2,5 cm hohen Kelche sind an der Außenseite längsgerippt. Sie sind an Höhlenwänden, Felsen und auf Sandgruben an Steinen und Muschelschalen von 1 m bis über 100 m Tiefe zu finden. Der deutliche Unterschied dieser beiden Korallen ist folgender: Während der Kelch der Nelkenkoralle rund ist, hat die Warzenkoralle immer eine ovale Form.

Eine weitere Art der Solitärkorallen, die oft gepflegt wird, ist *Leptosammia pruvoti.* Im Kreise der Aquarianer auch „Gelbe Nelkenkoralle" genannt. Die Polypen sind leuchtendgelb und ebenfalls auf Felswänden und Hartböden sowie in dunklen Höhlen in oft großer Anzahl zu finden.

Alle hier genannten Steinkorallen sind für das Seewasseraquarium gut geeignet und halten sich ausgezeich-

Sternkoralle *Asteroides calycularis*

net, d. h., Solitärkorallen haben bei mir 3–4 Jahre gelebt, Rasenkorallen bis zu zwei Jahren. Da die einzelnen Polypen der Solitärkorallen verhältnismäßig groß sind, gibt es kein Problem mit der Fütterung. Von Cyclops über Daphnien bis zu kleinen Garnelen und Stückchen von Futtertabletten kann alles gereicht werden. Bei der Rasenkoralle ist – den Polypen entsprechend – kleineres Futter zu wählen.

Zusammenfassend sei gesagt, daß es zur erfolgreichen Haltung von Steinkorallen aus dem Mittelmeer notwendig ist, die Temperatur des Aquarienwassers nicht höher als bis auf 18° C ansteigen zu lassen sowie für eine starke Strömung im Becken zu sorgen. Eine ausreichende und teilweise gezielte Fütterung ist notwendig. Selbstverständlich ist auf eine gute Abschäumung zu achten, wenn man größere Mengen Futter ins Becken gibt. Ein regelmäßiger Wasserwechsel in kleinen Mengen soll alle 6–10 Wochen vorgenommen werden.

Zylinderrosen, Ordnung Ceriantharia

Bei den Zylinderrosen handelt es sich um solitär lebende Blumentiere der Unterklasse Hexacorallia. Der skelettlose wurmförmige Körper, der eine Länge bis 40 cm erreichen kann, steckt in einer Wohnröhre, die sich das Tier selbst in den Bodengrund gegraben hat. Diese Wohnröhre ist mit einer selbstgebildeten Schleimhülle ausgekleidet, die ein rasches Zurückziehen bei Störung und Gefahr ermöglicht. Die Wohnröhren können bis zu einem Meter lang sein. Um den Tieren das Eingraben zu ermöglichen, muß man eine höhere S a n d - s c h i c h t (8–10 cm) in das Aquarium geben; es ist aber auch möglich, durch Terrassenbau nur an den Stellen eine höhere Bodengrundschicht einzubringen, an denen beabsichtigt wird, Zylinderrosen einzusetzen.

Das hintere Ende der Zylinderrosen, das leicht zugespitzt ist, besitzt eine Öffnung, durch die beim Zusammenziehen Wasser ausgestoßen wird. Zwar ist diesen Tieren eine kriechende Fortbewegung möglich, doch sind Standortsänderungen selten. Sollten Zylinderrosen ihre Wohnröhre verlassen, ist es meist auf Unbehagen oder Störungen zurückzuführen. Folgende Beispiele können der Grund dafür sein: Obwohl Zylinderrosen sehr oft auch in verschmutzten Gewässern vorkommen, ist es für einen Aquarianer ein untrügliches Zeichen für schlechte Wasserqualität, wenn sie ihre gewohnten Standorte verlassen. Aber auch das Setzen einer Zylinderrose an eine Stelle mit starker Strömung kann einen Standortwechsel zur Folge haben.

Vor Licht und Strömung geschützte Stellen sind ihnen am liebsten. Möglich ist auch, eine Störung durch andere Aquarienbewohner, die sich während des Tages oder der Nacht im Bodengrund vergraben. Obwohl Cerianthiden nicht sehr empfindlich sind, ist es gut, sich bereits vor dem Einrichten des Aquariums über optimale Pflegebedingungen Gedanken zu machen. Wenn das Aquarium klein und noch eine Vergesellschaftung mit anderen Tieren geplant ist, so können Zylinderrosen zu einer Gefahr für diese werden. Beachten sollte man außerdem, daß Zylinderrosen nachtaktive Tiere sind, die sich erst dann zu ihrer vollen Größe entfalten. Deshalb darf das gewählte Becken nie niedriger als 50 cm sein. Große Arten können Höhen bis zu 40 cm erreichen, und die voll ausgestreckte Tentakelkrone besitzt den gleichen Durchmesser.

Cerianthiden haben bis zu 140 kurze Lippententakel und ungefähr ebenso viele bis 20 cm lange Rand- oder Fangtentakel. Was den Betrachter eines Beckens mit diesen Tieren meist beeindruckt, ist das Spiel der langen, schlanken Fangtentakel, wenn sie das gefangene Futter zu den Lippententakeln weiterreichen, von wo aus es zu der verdeckten Mundscheibe geführt wird. Zylinderrosen können ihre Fangarme nicht einziehen, wie es viele andere Blumentiere tun, sondern sie falten diese beim Zurückziehen in die Wohnröhre über der Mundöffnung zusammen.

Die Fangarme können je nach Art unterschiedlich gefärbt und gestaltet sein. Bei manchen Cerianthiden sind die Innententakel anders gefärbt als die äußeren. Doch auf die Farben möchte ich erst bei den einzelnen Arten zu sprechen kommen.

Die giftigen Nesselkapseln der Fangarme sind so wirkungsvoll, daß Fische, die nur ganz wenig mit einem

Cerianthus dohrni

der Arme in Berührung kommen, oft minutenlang von Schmerzen gepeinigt durch das Becken schwimmen. Kleine Fische und andere Tiere haben gar nicht mehr die Möglichkeit, sich zu befreien. Gelingt es ihnen aber doch, so bleibt meist ein Teil des Fangarmes an ihnen hängen, und es geht trotzdem über kurz oder lang ein. Von den ca. 50 Cerianthiden-Arten leben die meisten in den tropischen Meeren. Man nimmt an, daß die Zylinderrosen Zwitter sind. Oft werden große Wolken grießkorngroßer Eier ausgestoßen, die sich im Laufe von 8–12 Tagen zu Larven entwickeln würden, was bei mir allerdings noch nie gelungen ist. Dem Leiter des Wiener „Haus des Meeres" ist es 1977 erstmals gelungen, mehr als 1 000 junge Zylinderrosen aus Eiern großzuziehen. Dort wurden die Eier in ein danebenstehendes Außenfilterbecken gesaugt, in dem die ausgeschlüpften Larven zu Boden sanken, um sich in der Sandschicht für das Wachsen der Tentakel zu vergraben. Die Eiablage erfolgt in der Regel im März und April. Zylinderrosen sind durch ihre einfache Haltung auch dem Anfänger auf dem Gebiet der Seewasseraquaristik zu empfehlen.

Für die Haltung von Zylinderrosen ist kein großer Aufwand nötig. Ein Aquarium von mindestens 50 cm Höhe, ein langsam fließender Außenfilter und eine starke Luftpumpe sind notwendig. Beheizen muß man das Becken nicht, denn die Wassertemperatur kann durchaus bis auf 12° C absinken. Eine Beleuchtung des

Aquariums findet nur in den Abendstunden statt, um die Tiere bis zum Schlafengehen beobachten zu können. Wichtig ist es, daß man unverletzte Exemplare erhält. Die Möglichkeit, die wunderschönen Tiere unversehrt aus dem Boden zu holen, hat nur ein Taucher, denn man braucht Zeit und Ruhe dafür. Zylinderrosen gehören im Handel zu den teuersten Seerosen aus dem Mittelmeer, und wer sich die Tiere beim Händler beschaffen muß, kann für ein besonders schönes Exemplar meist sehr viel Geld bezahlen. Hat man aber ein einwandfreies Tier erstanden, und es zeigt sich bereits am Abend in seiner schönsten Pracht, so vergißt man schnell die hohe Geldausgabe, weil die Möglichkeit groß ist, einen dekorativen Pflegling über viele Jahre, ja sogar Jahrzehnte zu besitzen. In verschiedenen Aquarienhäusern wurden Zylinderrosen oft schon mehr als 50 Jahre gepflegt. Einige meiner Tiere haben bereits 20 Jahre Aquarienpflege hinter sich. Einer meiner Bekannten besitzt eine Zylinderrose schon seit dem Jahr 1938, damals brachte er sie von einer Urlaubsreise mit.

Frisch gefangene oder gekaufte Tiere habe ich immer von ihrer alten Schleimröhre befreit, da meist sehr viel Schmutz an ihr haftet. Oft kommt es vor, daß in der Röhre selbst irgendwelche „Untermieter" zu finden sind, die man nicht gerne im Aquarium hat. Sind die Tiere gesund, was man durch Abnehmen der Röhre feststellen kann, so werden sie in das Becken an jene

Stelle gelegt, wo sich das Tier in den Bodengrund eingraben soll. Die Tiere beginnen dann sofort, Schleim abzusondern und sich in den Sand einzugraben. Sollten sie sich dann nicht eingraben, so ist es möglich, daß sie durch einen langen Transport geschwächt sind. Für solche Fälle halte ich immer einige Plastikrohre bereit, die in den Bodengrund gesteckt werden und in die ich den Körper der Zylinderrose gleiten lasse. Mit dieser „Prothese" ist es mir schon in vielen Fällen gelungen, schwache Tiere über den Berg zu bringen. Hat sich das Tier nach einigen Tagen oder Wochen selbst eine Röhre unterhalb der Prothese gebaut, entferne ich vorsichtig das Plastikrohr. Wenig sinnvoll ist es, den Körper in Spalten oder Löchern der Dekoration zu versenken, um so auf einen hohen Bodengrund verzichten zu können. Dabei besteht nämlich die Gefahr, daß der Körper zwischen den Steinen gequetscht wird, was den Tod der Zylinderrose zur Folge hat. Wenn Sie sich lange an diesen Tieren erfreuen möchten, muß der Bodengrund mindestens 10 cm hoch sein. Ich verwende seit einigen Jahren Muschelgrus für den Bodengrund, weil er immer locker und strömungsdurchlässig ist. Weichen Schlick, so wie in der Natur, können wir wegen der Fäulnisprozesse leider nicht bieten. Bei normalem Sand wird es früher oder später zu einer Reduktionsgefahr kommen.

Wie bereits erwähnt, breiten sich die Zylinderrosen erst in der Dämmerung und am Abend zu ihrer vollen

Größe aus. Das ist auch ein guter Zeitpunkt für die Fütterung, doch lassen sie sich auch schnell an andere Fütterungszeiten gewöhnen und kommen dementsprechend früher heraus. Der Erfolg ist, daß man schon am Nachmittag einen voll „erblühten" Zylinderrosengarten hat.

Wichtig ist es, diese Tiere mit einer ihrer Größe entsprechend dimensionierten Nahrung zu versorgen. Große Nahrungsstücke sagen ihnen meist gar nicht zu und werden nach kurzer Zeit wieder, umgeben von einer weißen Schleimhülle, ausgestoßen. Da sich alle Cerianthiden vorwiegend von dem in der Nacht aufsteigenden Kleinstplankton ernähren, sollte man Klein- und Kleinstfutter verwenden. Meine Zylinderrosen werden mit Cyclops, Daphnien, Tubifex, Mückenlarven, größeren Salinenkrebsen, kleinsten Stückchen Muschelfleisch und zerteilten Futtertabletten gefüttert, sie bevorzugen bei mir aber Cyclops, sowohl lebend als auch in tiefgekühltem Zustand. Nach einer Fütterung mit diesem Süßwasserplankton, das auch einen starken Duftstoff besitzt, kommen die Tiere weit aus ihren Röhren heraus und strecken ihre Fangarme ins freie Wasser, um weiteres Futter zu erbeuten. Leicht lassen sich die Tiere an Trockenfutter gewöhnen, aber dabei fällt meist viel Futter auf den Boden oder zwischen die Dekoration. Wenn sich keine anderen Tiere im Becken befinden, die dieses Futter verzehren, kann es zu Fäulnisherden kommen, die man vermeiden sollte.

Ein oftmaliger Wasserwechsel ist bei einer sparsamen Fütterung mit Kleinplankton nicht notwendig. Ich habe in einem Aquarium mit einem Fassungsvermögen von 200 l, in dem ich ausschließlich Zylinderrosen pflegte (ca. 30 Stück), nur etwa halbjährlich 25 l Wasser gewechselt. Gefiltert wurde die Anlage über ein Außenbecken mit einem Inhalt von 30 l, das zur Hälfte mit grobem und feinem Muschelgrus gefüllt war.

Bezüglich der Beleuchtung werden, wie schon erwähnt, keine großen Ansprüche gestellt. Ein Leuchtstoffbalken von 25 Watt genügt, um ein Becken von 1 m Länge auszuleuchten. Mehr Licht würde die Zylinderrosen stören.

Cerianthiden aus dem Mittelmeer benötigen eine etwas höhere Salzdichte als ihre Verwandten aus den Tropen. Versuche, die ich unternommen habe, zeigten, daß Zylinderrosen des Mittelmeeres ohne weiteres eine Dichte bis 1,035 aushalten und sich dabei noch schön öffnen. Andere Aquarienbewohner verenden bei solch hoher Salzkonzentration bereits. Am wohlsten fühlen sich die Tiere bei einer Dichte von 1,025 bis 1,028.

Cerianthus membranaceus

Unter diesem Namen oder unter *Cerianthus spez.* werden in vielen Büchern fast alle Cerianthus-Arten genannt. Ich pflege seit vielen Jahren vier verschiedene Arten von Mittelmeerzylinderrosen. Sie unterscheiden sich in der Hauptsache durch ihre Körpergröße, die verschiedenen Durchmesser des Körpers und die unterschiedlichen Färbungen, die für die einzelnen Arten charakteristisch sind.

Ich möchte Sie bitten, meine Angaben, die ich hier mache, nicht als wissenschaftlich gültig zu betrachten. Es wird zwar in vielen Büchern von ca. 50 Arten gesprochen, aber ich kenne kein Werk eines Wissenschaftlers, das bis jetzt genaue Bestimmungen vorgenommen hätte. Die hier genannten Namen sind im Kreis der österr. Seeaquarianer im Gebrauch, um intern eine Differenzierung der verschiedenen Arten vornehmen zu können.

In dem Buch von Prof. Rupert Riedl: „Fauna und Flora der Adria" schreibt der Autor von den Varietäten „violacea" und „fusca", beschränkt sich aber nur auf Farbunterschiede zwischen diesen. In manchen Publikationen taucht auch immer wieder die Variante „viridis" auf. Diese Variante wird bei uns seit vielen Jahren als *C. dohrni* bezeichnet.

Cerianthus dohrni

Die von ihnen gebildeten Schleimröhren ragen zwischen 10 und 20 cm aus dem Bodengrund heraus. Sie ist die größte Art unter den vier von mir gepflegten. Die Tentakelkronen haben einen Durchmesser bis zu 35 cm. Der Körper kann einen Durchmesser von

3–4 cm erreichen. *C. dohrni* ist bei mir in sehr vielen Farben vertreten. Angefangen von Violett, über Weiß, tabakfarben, Weiß mit violetter Ringzeichnung bis hin zu den für mich schönsten Exemplaren mit grüner Färbung.

Oft sind Mund- und Fangtentakel verschieden gefärbt. Besonders braun- oder weißgefärbte Tiere haben meist Mundtentakel in einer anderen Farbe. Ich besitze auch einige Exemplare, die nicht nur verschieden gefärbte Mund- und Fangtentakel haben, sondern auch solche, deren äußere Reihe der Fangtentakel ein fluoreszierendes Grün aufweist. Diese Tiere wurden von Prof. Riedl als Variante „fusca" bezeichnet und sind besonders gut zu halten. Meine ältesten Tiere haben schon zwanzig Jahre Aquarienpflege überstanden, und ich konnte schon oft das Abgeben von Wolken grießkorngroßer Eier beobachten.

Cerianthus membranaceus

Diese von mir gepflegte Art ist nicht so dick wie *C. dohrni,* sondern viel schlanker; dies trifft sowohl für den Körper als auch die Tentakel zu. Sie erreichen auch nicht die Größe von *C. dohrni,* und die Schleimröhren ragen kaum aus dem Bodengrund hervor. Wegen ihrer meist violetten Farbe bezeichnet man diese Art oft auch als Variante „violacea". Ich besitze allerdings

Cerianthus membranaceus

ebenfalls einige Exemplare, die weiß-violett gefärbt sind. Ihr Aussehen ist wesentlich graziler als das von *C. dohrni*. Die Körperlänge geht meistens über 15 cm nicht hinaus, und der Tentakelkranz erreicht nicht mehr als 20 cm Durchmesser.

Cerianthus soletarius

Die ersten Tiere dieser Art habe ich im Jahre 1974 erhalten. Ein Vereinsfreund brachte mehr als 20 Stück dieser Tiere aus dem Urlaub mit. Er hatte sie durch Zufall vor Sonnenaufgang am Strand in einer Wassertiefe von nur 50 cm entdeckt. So war es ihm möglich, eine Anzahl dieser Tiere vorsichtig auszugraben. Während des Badebetriebes blieben die Tiere natürlich verschwunden. Den Namen dieser Art, von der ich acht Stück besitze, konnte ich erst im „Haus des Meeres" erfahren, wo man auch einige Exemplare pflegt. Ursprünglich sollte diese Art nur an der afrikanischen Küste des Mittelmeeres vorkommen, tritt jetzt aber auch an der jugoslawischen Küste immer wieder auf. Diese Art ist kleiner als die beiden vorher genannten Arten und baut ihre Schleimröhren nicht über die Sandoberflächen hinaus. Während des Tages ziehen sich die Tiere fast immer gänzlich in den Bodengrund zurück, erst am Abend in der Dämmerung kommen sie heraus, um Beute zu fangen.

Im Aquarium stehen die Tiere am liebsten im Halbdunkel, also im unbeleuchteten Becken. Dann strecken sie ihre Fangarme weit von sich. Bei eingeschalteter Beleuchtung ziehen sie sich etwas in ihre Schleimröhre zurück und legen dabei die Fangarme auf den Bodengrund. Die Färbung ist bei allen Exemplaren gleich, die ich pflege und die ich gesehen habe. Der Körper ist violettbraun wie die Fangarme, doch sind diese mit grünen leuchtenden Punkten versehen; die Mundtentakel besitzen weiße Spitzen. Der Durchmesser des Körpers beträgt ca. 1 cm, seine Länge max. 10 cm, die der Fangarme ebenfalls 10 cm.

Cerianthus spez.

Diese vierte bei mir vertretene Art ist sehr klein, und ich möchte sie als *Cerianthus spez.* bezeichnen, da mir ihre genaue Artzugehörigkeit unbekannt ist. Im Kreise der Seeaquarianer sprechen wir auch von der Zwergzylinderrose.
Die Tiere wurden im Raum von Triest und Venedig gesammelt. Auch sie sind schon in geringer Tiefe zu finden. Die Färbung ist bei allen Tieren die gleiche. Der Körper und die Mundtentakel sind weiß bis hellgrau, die Fangtentakel hellgrau mit einer braunen Bänderung. Zwergzylinderrosen sind wunderbare Pflegeobjekte für kleine Aquarien. Der Körper erreicht nur

eine Länge von 5 cm, während die Fangarme ca. 8 cm lang sind. Ich pflege diese Tiere erst seit vier Jahren und konnte folgende Beobachtung machen: Sie wechseln gerne des öfteren ihren Standplatz, dabei lassen sie sich auch von der Strömung treiben. Normalerweise tun dies Zylinderrosen nur, wenn sie sich nicht wohl fühlen. Aber die Zwergzylinderrose läßt sich auch bei bester Wasserqualität und Alleinhaltung treiben, so daß dieses Verhalten nicht durch andere Beckeninsassen ausgelöst sein könnte. Die unter Seeaquarianern verbreitete Ansicht, daß es sich bei dieser Art um lebendgebärende Tiere handle, konnte ich leider bisher noch nicht bestätigen, da sich meine Exemplare noch nicht vermehrt haben.

Am Ende dieses Kapitels möchte ich noch folgendes bemerken: Die vier von mir beschriebenen Arten haben eine unterschiedlich starke Nesselkraft. Man kann wohl verschiedene Tiere in einem gemeinsamen Bekken pflegen, aber sie dürfen sich nicht berühren. So konnte ich feststellen, daß *C. dohrni* eine stärkere Nesselkraft besitzt als *C. membranaceus* und diesen Nachbarn zum Einziehen der Tentakel zwingt. *C. membranaceus* überwiegt in seiner Nesselkraft gegenüber *C. soletarius* so stark, daß diese von *C. membranaceus* sogar getötet werden können.
Sollten Sie verschiedene Arten von Zylinderrosen in einem Becken pflegen wollen, so ist es von Vorteil, den

Tieren einen gewissen Sicherheitsabstand einzuräumen.

Schön wäre es, wenn sich auch die Wissenschaft mehr diesen Tieren zuwenden würde, um Klarheit in die Artzugehörigkeiten der heute oft nur als „Varietät" bezeichneten Tiere zu bringen.

Krustenanemonen, Ordnung Zoantharia

Die Krustenanemonen gehören wie die Zylinderrosen zur Klasse Anthozoa, hier wieder zur Unterklasse Hexacorallia und schließlich zur Ordnung Zoantharia. Es handelt sich hier fast ausnahmslos um koloniebildende Hexacorallia mit feinstem Fremdkörperskelett aus Sandkörnchen, Diatomeenschalen, Schwammnadeln usw.

Bei den koloniebildenden Arten sprossen die Polypen aus einer gemeinsamen Körpermasse, die das Substrat polster-, lamellen- oder bandförmig überzieht. Dadurch entstehen Kolonien von einigen bis hin zu mehreren hundert Einzelpolypen, die alle durch Knospung entstanden sind und miteinander verbunden bleiben. In der Adria leben sie schon in 1 m Tiefe an der Unterseite von Felsbrocken und in Höhlungen. Eine Gefahr für die Kolonien ist das Veralgen in zu hell beleuchteten Becken.

Die besten Haltungs- und Vermehrungserfolge hatte ich bis jetzt im Winter, wenn die Wassertemperatur im Aquarium bei ca. 16° C lag. Seitdem ich das Becken auch kühlen kann, hält die Vermehrung während des Sommers an. Kann man das Wasser im Sommer nicht kühlen, bilden sich die Kolonien bei einer Temperatur über 20° C zurück. Krustenanemonen benötigen eine starke Wasserbewegung und lieben schattige Plätze im Aquarium wie z. B. kleine Höhlen.

Bei täglicher Fütterung von Artemia oder Cyclops sind sie dauernd entfaltet. Meine Kolonien der nachstehenden Arten sind teilweise schon älter als fünf Jahre. Selbstverständlich darf man Krustenanemonen nicht in der Nähe von stark nesselnden Anemonen ansiedeln. Sollten sich die Polypen längere Zeit nicht öffnen, so löse ich in etwas Aquarienwasser einige Futtertabletten auf, schütte die milchige Flüssigkeit in das Becken und schalte für einige Zeit den Filter aus. Durch die Duftstoffe angeregt, öffnen sich die Polypen bald, und eine Fütterung mit Artemia ist dann leicht möglich. Ein Unbehagen, das sich durch das Zurückziehen der Polypen ausdrückt, kommt auch bei Änderung des pH-Wertes vor, d. h., wenn dieser unter 8 sinkt. Ein teilweiser Wasserwechsel, je nach Größe des Aquariums, sollte regelmäßig vorgenommen werden.

Krustenanemonen lassen sich gut mit anderen festsitzenden Niederen Tieren vergesellschaften. Große Kolonien von Krustenanemonen sind besonders attraktiv.

Gelbe Krustenanemone
Parazoanthus axinellae

Diese Art siedelt sich mit Vorliebe auf den unregelmäßigen, schwefelgelben Ästen von Schwämmen der Gattung *Axinella* an. Die Polypen sind bis 1 cm hoch und
mit 36 bis 38 Tentakeln ausgestattet. Die Kolonien sind
dicht, goldgelb bis orangefarben, die verbindende Körpermasse bildet oft bandartige dünne Stränge. Leider
sind die Schwämme, auf denen sich die Kolonien bilden, im Aquarium nicht gut haltbar. Besser ist es
deshalb, wenn man *P. axinellae* auf Steinen oder anderen festen Substraten bekommen kann.

Wenn sich der Schwamm aufzulösen beginnt, teile ich
ihn in kleine Stücke und stecke diese in Löcher von
Steinen und Korallenstöcken. Meist siedeln sich die
Polypen auf den neuen Substraten an und bilden dort
neue Kolonien. Ich konnte beobachten, daß sich mittel-
große Kolonien bei guter Pflege im Monat um drei bis
vier Polypen vermehren.

Zu finden sind *P. axinellae* an Steilklippen und in Höhlen, dort jedoch vorwiegend an der Decke und an
Überhängen. Nicht nur auf Schwämmen und Steinen,
sondern auch an Seescheiden, Algen und abgestorbenen Hornkorallen ist diese attraktive Krustenanemone
zu finden.

Ihr Verbreitungsgebiet erstreckt sich vom Mittelmeer
entlang der europäischen Atlantikküste bis zum Är-

melkanal. Ähnliche Arten, wie z. B. *Parazoanthus haddoni,* deren Polypen bis zu 2 cm hoch werden können, finden wir an der Nordseeküste.

Braune Krustenanemone *Epizoanthus paxii*

Diese Krustenanemone wurde erst 1955 im Mittelmeer entdeckt. *E. paxii* siedelt in der Regel nur auf festen Substraten. Mir ist kein Fall bekannt, daß man diese Krustenanemone auf einem Schwamm gefunden hätte. Die Polypen sind ca. 9−10 mm hoch, unten ingwerbraun, oben hellbraun mit einem feinen violetten Band unter den 28 bis 32 farblosen oder weißlichen, bis 1,5 cm langen Tentakeln. Die verbindende Körpermasse bildet ingwerbraune, dünne, oft stark verbreiterte Ränder. Man findet diese Tiere in Spalten an Höhlenwänden, unter Überhängen und Steinen bereits ab einer Tiefe von 50 cm. Ich habe auch schon Schneckenhäuschen und Einsiedlerkrebse erhalten, die mit *E. paxii* überzogen waren. Oftmals finden wir sie ebenfalls auf demselben Substrat, auf dem sich Seescheiden der Gattung *Microcosmus* angesiedelt haben.

Meine erste Kolonie von *E. paxii* habe ich vor vielen Jahren auf einem kleinen Stein bekommen. Dieser Stein beherbergte ca. 25 Polypen. In all den Jahren haben sich daraus mehrere Kolonien entwickelt und Stein für Stein in der Umgebung überzogen. So war es mir immer möglich, kleine Kolonien an Vereinsfreunde

Gelbe Krustenanemone *Parazoanthus axinellae*

abzugeben. Es kommt von Zeit zu Zeit vor, daß plötzlich Koloniebildungen in einer ganz anderen Ecke des Aquariums auftreten, wo nie ein Stein mit *E. paxii* gelegen hat. Es dürfte meiner Ansicht nach möglich sein, daß, wenn die Kolonien zu dicht werden, sich einzelne Polypen lösen, um an freien Stellen neue Kolonien zu bilden.

Epizoanthus arenaceus

Die Art aus dem Mittelmeer ist graubraun bis grau und ohne violettes Band. Die Polypen sind bis 1 cm hoch und haben bis zu 24 Tentakel, die fast nur halb so lang sind wie die von *E. paxii*. Die Kolonien sind schütter, die Körpermasse bildet dünne unregelmäßige Bandlamellen. *E. arenaceus* siedelt vorwiegend auf Schneckenhäusern der Gattungen *Murex, Aporrhais* und auch auf Seescheiden wie *Microcosmus*. Zu finden sind die Kolonien von *E. arenaceus* ab einer Tiefe von ca. 16 m.

Epizoanthus incrustans

Besonders diese Krustenanemone aus dem Atlantik und der Nordsee hat sich auf Einsiedlerkrebse spezialisiert. Sie lösen oft das Schneckengehäuse auf, so daß der Krebs dann in einer lediglich aus der verbindenden Körpermasse der Kolonie gebildeten Höhlung haust.
E. arenaceus und *E. incrustans* gleichen sich sehr, und es ist etwas schwierig, sie zu unterscheiden.

Achtstrahlige Korallen,
Unterklasse Octocorallia

Lederkorallen, Ordnung Alcyonaria

Bei den Lederkorallen handelt es sich um Achtstrahlige Blumentiere der Klasse Octocorallia, Ordnung Alcyonaria. Diese Blumentiere bilden fleischige Kolonien ohne Achsenskelett. Die Polypen sind in der fleischigen, durch Kalkskleriten geschützten Körpermasse eingebettet. In der Regel ist die ganze Oberfläche mit Polypen besetzt, zuweilen fehlen sie jedoch im basalen Teil.

Lederkorallen aus dem Mittelmeer sind in bezug auf die Wassertemperatur sehr empfindlich. Da die meisten dieser Kolonien erst ab 15 Meter Tiefe zu finden sind, wo auch das Wasser im Sommer immer etwas kühler ist, empfehle ich, die Temperatur im Aquarium nicht über 18° C ansteigen zu lassen.

Von der Ordnung Alcyonaria gibt es drei Vertreter im Mittelmeer: *Alcyonium palmatum, Alcyonium acaulebrioniense* und *Alcyonium coralloides.*

Große Seemannshand *Alcyonium palmatum*

Kolonien dieser Art sind massig, bis 50 cm hoch und ziehen sich bei Störung stark zusammen. Sie bilden freistehende auf Substraten angewachsene, am Ende fingerförmig gelappte Stöcke. Die Färbung reicht von Weiß über gelblich, rötlich, Orange bis Rot. Die Polypen sind ca. 1 cm lang und durchscheinend farblos bis weißlich. Die Seemannshand ist nach meinen Erfahrungen sehr druckempfindlich, und man sollte sie beim Einsetzen in das Aquarium recht vorsichtig behandeln. Ratsam ist es, die Stöcke nicht zu lange oder möglichst gar nicht mit Luft in Berührung zu bringen. Stöcke, die nicht auf einem festen Substrat sitzen, also nicht auf einem Stein angewachsen ins Aquarium kommen, sind meist recht hinfällig. Sie benötigen eine starke Strömung und sauerstoffreiches klares Wasser. Kann man ihrer jedoch nur ohne Substrat habhaft werden, ist man gezwungen, sie in eine nur schwach durchflutete Ecke des Beckens zu legen, damit sie nicht weggeschwemmt werden. Dort wird sie aber nur selten zu ihrer vollen Entfaltung kommen. Auf keinen Fall darf sie zwischen Steinen eingeklemmt werden! Denn ihre Körpermasse ist leicht verletzbar, und die Kolonie würde schnell zugrunde gehen. Die Seemannshand pumpt sich mehrmals täglich mit Wasser voll, um alle ihre Innenräume mit sauerstoffreichem Wasser zu füllen.

Alcyonium acaule-brioniense

Die in gleichen Gebieten des Mittelmeeres vorkommenden Kolonien dieser Art sind den Kolonien der vorher genannten Art ähnlich, aber nur bis 10 cm hoch,

Falsche Edelkoralle *Alcyonium coralloides*

mit gelben bis 5 m langen Polypen, nicht so reich verzweigt und stets dunkelrot.

Alcyonium acaule ist wesentlich länger haltbar als *A. palmatum*, 1−2 Jahre sind bei ihr keine Seltenheit.

Falsche Edelkoralle *Alcyonium coralloides*

Diese Art bildet Überzüge auf abgestorbenen Hornkorallen (Gorgonien), die dann auf den ersten Blick wie Edelkorallen *(Corallium rubrum)* aussehen. Die Kolonien sind leuchtendrot mit weißen oder gelben Polypen und bilden krusten- oder klumpenförmige Überzüge auf den abgestorbenen Ästen der Gorgonien. Die Trugkoralle ist von 10 bis 90 m Tiefe im Mittelmeer und im Atlantik bis zur Biskaya zu finden. Ich freue mich, seit einem Jahr einen Gorgonienstock (Eunicella) zu besitzen, bei dem einige abgestorbene Äste von der Trugkoralle bereits überzogen sind.

Röhrenkorallen, Ordnung Stolonifera

Die Röhrenkorallen (Ordnung Stolonifera) gehören ebenfalls zu der Familie der Octocorallia, und einer ihrer Vertreter, die Füllhornkoralle *Cornularia cornucopiae* zählt bei mir zu denjenigen Arten, die sich außerordentlich gut halten lassen. Die Polypen sind ca. 1 cm hoch, meist braun, können aber auch bis ziegelrot gefärbt sein. Es handelt sich bei diesen Tieren um rasenartige Kolonien, die einzelnen Polypen sind ähnlich den Krustenanemonen durch strangförmige oder flächige Stolonen miteinander verbunden. Die Polypen sind bis zur halben Körperhöhe von einer chitinigen Hülle umgeben.

Man kann diese Kolonien bereits im Seichtwasser an der Unterseite von Steinen und Felsen finden. Besonders an lichtarmen Felsüberhängen und Höhleneingängen können sie manchmal massenhaft auftreten. Der tiefste Punkt, an dem man sie finden kann, dürfte bei ca. 10 m liegen. Die Röhrenkoralle ist im Aquarium sehr ausdauernd, reagiert aber empfindlich auf Verschlechterungen des Beckenwassers. Gut gedeihen die Kolonien, wenn man sie mit dem Substrat in ständig durchflutete Höhlen bringt, in denen sie einer direkten Bestrahlung durch die Beckenbeleuchtung nicht ausgesetzt sind.

Da die Polypen nur eine schwache Nesselkraft besitzen, ist darauf zu achten, sie nicht zu nahe mit anderen Nesseltieren in Verbindung zu bringen. Mit Cyclops, kleinem Staubfutter, Salinennauplien oder aufgelösten Futtertabletten lassen sich die Kolonien sehr gut füttern und lange am Leben erhalten. So konnte ich eine durchschnittliche Lebensdauer von 4 Jahren erzielen. Bei guten Bedingungen vermehren sich die Tiere auch.

Horn- oder Rindenkorallen, Ordnung Gorgonaria

Horn- oder Rindenkorallen (Ordnung Gorgonaria) gehören zur Familie Octocorallia. Es handelt sich um
Blumentierkolonien, die baumartig verzweigt sind, ein
Achsenskelett besitzen und mit einer scheibenförmigen
Basalplatte auf dem Substrat festgewachsen sind. Das
Skelett ist aus der hornigen Substanz Gorgonin zusam-
mengesetzt. Umgeben ist dieses Achsenskelett von
einer Rinde, in der Kalkskleriten eingelagert sind und
in die sich die Polypen zurückziehen können.
Hornkorallen sind überwiegend an Felswänden zwischen 10 und 30 m Tiefe zu finden, die Edel- oder
Blutkoralle *Corallium rubrum* sogar bis 100 m. Da in
diesen Tiefen auch während der Sommermonate die
Temperatur nie über 20° C ansteigt, ist es angebracht,
diese Korallen nur in gekühlten Aquarien zu pflegen.
Nur so ist es möglich, sie über mehrere Jahre erfolgreich zu halten.
Beim Ablösen von der Unterlage ist große Vorsicht
geboten, denn nur unbeschädigte Tierstöcke können im
Aquarium über längere Zeit weiterleben. Am besten ist
es, den Stock mit einem Stück des Substrates mitzuneh-
men oder zu bekommen. Die Kolonien der Hornkorallen sind meist unregelmäßig reich verzweigt, manchmal
auch unverzweigt und stengelförmig und werden gelegentlich 70 bis 100 cm hoch.

Stöcke, die durch schlechten Transport etwas beschädigt sind, so daß Teile der Rinde fehlen, werden an diesen Stellen mit einer scharfen Schere abgeschnitten. Bei guten Wasserverhältnissen werden die Schnittstellen in wenigen Wochen wieder von der Rindenmasse überzogen.

Hornkorallen sind Tiere der Schattenzone und kommen meist an Felsenüberhängen und Höhlen vor. Während des Tages leben die Polypen zurückgezogen, aber in der Dämmerung und am Abend entfalten sich die Stöcke zu einer wahren Blütenpracht. Eine Fütterung im Aquarium ist daher erst am Abend nach dem Öffnen der Polypen möglich.

Vor dem Veralgen muß man alle Arten von Hornkorallen schützen, da sich sonst die Polypen nicht mehr öffnen können und damit die empfindliche Rindenschicht unter den Algen abfault. Mein mit Hornkorallen besetztes Aquarium wird nur von 17 bis 21 Uhr, also vier Stunden am Tage beleuchtet. Sollte trotzdem einmal ein Stock von Algen überzogen werden, so kann man sie mit einem dünnen Schlauch absaugen. In sehr schwierigen Fällen empfiehlt sich eine Säuberung mit einer Edelstahlpinzette.

Nicht selten sind Hornkorallen von der in Form und Farbe vorzüglich angepaßten Porzellanschnecke *Simnia spelta* befallen. Eine genaue Beobachtung von neu ins Becken eingesetzten Stöcken ist daher sehr ratsam, um zu vermeiden, daß die schönen Kolonien kahlgefressen werden. Hat man eine solche Schnecke entdeckt, sollte man den Ast, an dem sie sich aufhält, abschneiden und aus dem Becken entfernen.

Alle Hornkorallen zeichneten sich bei mir über mehrere Jahre durch gute Haltbarkeit aus, benötigen aber reichlich Plankton für ihre Ernährung. Ich füttere sie fast täglich mit Artemia, Cyclops, kleinen Daphnien, im Seewasser gelösten Futtertabletten und mit Lyquifry Marine.

Die optimale Wassertemperatur für Hornkorallen aus dem Mittelmeer liegt nach meinen Erfahrungen zwischen 15 und 17° C. Sie wird bei mir durch die Kühlung während des ganzen Jahres gehalten.

Eine starke Wasserbewegung durch eine Turbelle oder einen Schnellfilter ist für das Wohlbefinden der Tiere vonnöten. Derzeit pflege ich vier Arten mit sehr gutem Erfolg, und zwar *Eunicella cavolinii, Eunicella stricta, Eunicella verrucosa* und *Paramuricea chamaeleon.*

Eunicella cavolinii

Meine Kolonien dieser Art sind ziemlich reich und unregelmäßig verzweigt. Ich pflege mehrere Stöcke in den Farben Orange und Rot. Diese Stöcke besitzen kleine weiße Polypen.

Schon in einer Tiefe von 15 m in Höhlen und Felsspalten ist diese Art im Mittelmeer anzutreffen. Einige der von dort mitgebrachten Stöcke waren an manchen Stellen durch schlechten Transport etwas beschädigt, so daß Teile der Rinde fehlten. Ich habe diese Stellen abgeschnitten und konnte nach wenigen Wochen feststellen, daß die Schnittstellen wieder von der Rindenmasse überzogen wurden. Seit sieben Jahren besitze ich nun diese Korallenstöcke und konnte an Hand eines umgebogenen Astes feststellen, daß sie im Jahr ca. 1 cm wachsen.

Eunicella stricta

Von dieser Art besitze ich nur kleine Stöcke von ca. 15 cm Höhe, doch können sie bis etwa 70 cm hoch werden. Sie zeichnen sich dadurch aus, daß sie fast immer ihre bräunlichen Polypen ausgestreckt haben. Diese Kolonien sind meist gar nicht oder nur sparsam verzweigt. Man nennt sie auch Gestreckte Hornkoralle, weil sie durch parallel, schwach gehöckerte Zweige gekennzeichnet ist. Im Gegensatz zu *E. cavolinii* ist *E. stricta* nicht in Höhlen, sondern meist an abfallenden Felswänden zu finden. Sie ist bereits ab einer Tiefe von 10 m anzutreffen.

Eunicella verrucosa

Seit August 1977 pflege ich diese Art, die ihre Äste in stark verzweigten, großen Fächern trägt. Sie wird auch

Eunicella cavolinii

„Warzige Hornkoralle" genannt, da sie stärker gehök-
kerte Zweige aufweist als *E. cavolinii* und *E. stricta*.
In der Adria, aber auch an der französischen und
italienischen Küste, kommen diese weißgefärbten bis
orangefarbenen Stöcke teilweise recht häufig vor.
Eunicella verrucosa benötigt nach meinen Erfahrungen
eine wesentlich längere Eingewöhnungszeit als die vorher genannten Arten. Es dauert oft Wochen, sogar
Monate, bis sich die Polypen öffnen und Nahrung
aufnehmen. Danach kann man beobachten, wie sie sich
täglich in den Abendstunden öffnen. Diese Koralle ist
durch ihre Größe von ca. 30 bis 40 cm Höhe und Breite
und durch ihre Färbung eine attraktive Bereicherung
eines Mittelmeerbeckens.

Hornkoralle *Paramuricea chamaeleon*

Im Oktober 1978 konnte ich erstmals drei wunderschö-
ne Stöcke dieser Art erwerben, jeder in einer Größe
von ca. 30 bis 40 cm. Die Art ist im Mittelmeer erst ab
ca. 15 bis 20 m Tiefe zu finden. Es sind Tiere der
Schattenzone, und so kommen sie meist an Felsüberhängen und in Höhlen vor. Die Kolonien sind reich
verzweigt und verästelt, die einzelnen Äste sind stärker
als bei den Eunicella-Arten. Jeder Stock kann bis 1 m
hoch werden, meist sind sie rot- bis violettgefärbt und
besitzen häufig gelbe Zweigenden. Es gibt aber auch

ganz gelbe bis orangefarbene Exemplare, die ich persönlich noch nicht gepflegt, aber gesehen habe. Bekannte von mir hatten diese Stöcke bei der Insel Elba in 35 m Tiefe gefunden.

Die Polypen sind mit 6 mm größer als die von *Eunicella;* oft besetzen sie die ganze Fläche der Kolonie, weniger zahlreich sind sie nur an den stärkeren Ästen, dagegen sehr dicht an den Zweigenden.

Das Achsenskelett besteht aus bräunlichen oder gelblichen Gorgonien. *Paramuricea* benötigt stark bewegtes sauerstoffreiches Wasser. Während des Tages leben die Polypen zurückgezogen, aber in der Dämmerung und am Abend entfalten sich die Stöcke zu einer wahren „Blütenpracht". Eine ausreichende Fütterung ist erst am Abend nach dem Öffnen der Polypen möglich. *Paramuricea* ist gegen Wärme wesentlich empfindlicher als die Eunicella-Arten.

Als in einem Frühjahr die Kühlung für ein Becken ausgefallen war und ich mir erst ein neues Kühlaggregat beschaffen mußte, waren die Tiere in diesem Becken mehrere Wochen einer höheren Temperatur ausgesetzt. Während die Eunicella-Arten die Temperaturen zwischen 20 und 22° C relativ gut überstanden, gingen zwei meiner Paramuricea-Kolonien bei dieser Temperatur ein. Von den Astenden an beginnend löste sich die rote Rindenmasse ab, bis nach ca. drei Moanten nur noch das kahle Gerüst vorhanden war. Den dritten Stock habe ich heute, nach 4 Jahren, noch immer.

Hornkoralle *Paramuricea chamaeleon*
Teilausschnitt mit Polypen

Edel- oder Blutkoralle *Corallium rubrum*

Ich selbst hatte bis jetzt zwar noch nicht die Möglichkeit, diese Art zu pflegen, doch haben mir meine Freunde Ulli und Felix Blenk ihre Erfahrungen mitgeteilt. Sie konnten ein etwa fingerlanges Stück dieser Koralle während eines Tauchgangs bei Elba mitnehmen. Dieser kleine Stock ist jetzt genau ein Jahr in einem mit einer Kühlung ausgestatteten Aquarium. Dort ist er in einer kleinen Höhle untergebracht, die Polypen sind fast den ganzen Tag geöffnet und nehmen jedes Futter auf, das sie von der Größe her bewältigen können. Die Wassertemperatur beträgt 18° C, und bis jetzt sind keine Verfallserscheinungen des Stockes zu bemerken, obwohl es heißt, daß diese Art im Aquarium schwer zu halten sei.

Weichtiere, Stamm Mollusca

Schnecken, Klasse Gastropoda

Vermetus arenarius

Unter den vielen Schnecken des Mittelmeeres gehört die Familie der Wurmschnecken (Vermetidae) sowohl zu den eigenartigsten als auch zu den ausdauerndsten

100

Aquarienbewohnern unter den Schnecken. Diese Schnecken haben ein röhrenförmiges Gehäuse, das dem großen Kalkröhrenwurm *Protula intestinum* ähnlich ist. Zu finden ist die Wurmschnecke auf Felsen, Steinen und harten Unterlagen. Die Kriechsohle des Fußes ist wegen der sessilen Lebensweise rückgebildet. Es gibt eine ganze Reihe von Wurmschnecken, doch möchte ich nur von der Art *Vermetus arenarius* berichten. Für den Laien sieht es recht ungewöhnlich aus, wenn er aus einer bis zu 15 cm langen Kalkröhre von einem Durchmesser von ca. 1,5 cm einen Schneckenkopf herausragen sieht, und er wird zunächst kaum annehmen, daß es sich dabei um ein Schneckengehäuse handelt. Ich pflege mehrere Exemplare in den verschiedensten Rotfärbungen. Bei Störungen oder Beunruhigungen ziehen sich die Schnecken schnell in ihre schützende Röhre zurück.

Interessant ist die Futteraufnahme dieser Tiere. Ein ganzes Netz von feinen Schleimfäden wird bei der Wittrung von Futter ins freie Wasser ausgeworfen. An diesen Fäden bleiben Plankton oder Futterteile hängen. Wenn die einzelnen Fäden zurückgezogen werden, wird das an ihnen befindliche Futter verspeist.

Die Lebenserwartungen der einzelnen Tiere liegen zwischen ein und drei Jahren. Sie stehen lieber in einer ruhigen, schattigen Ecke als in zu starker Strömung. Temperaturen zwischen 12 und 28° C vertragen die Tiere gut.

Sternschnecken *Doridoidea*

Sternschnecken gehören zu den Nacktkiemern (Ordnung Nudibranchia). Sie zählen zu den schalenlosen Schnecken mit äußeren Atemorganen, die mit stern- oder kranzförmig um den After angeordneten zurückziehbaren Kiemen atmen. Diese Außenkiemen haben büschelförmige Auswüchse. Die Fühler sind dick, kurz und auch zurückziehbar. Sternschnecken können je nach Art zwischen 3–10 cm groß werden. Es gibt eine Reihe verschiedengefärbter Arten. Von einfarbig hellen oder dunklen Exemplaren bis zu bunt gefleckten. Im allgemeinen halten sie sich recht gut, d. h., im Seewasserbecken einige Monate, was gegen andere Bewohner des Mittelmeeraquariums nur eine kurze Lebensdauer ist. Zu ihrer Lieblingsspeise gehören leider Schwämme und Manteltiere (Seescheiden), die wir natürlich nicht gerne als Futter ins Aquarium setzen.
Sternschnecken kommen bei uns im Mittelmeer, im Atlantik und in der Nordsee vor. Zu finden sind sie auf Felsen, auf steinigem Schlamm- und Sandgrund oder auf ihrer Lieblingsspeise, einem Schwamm.
Beim Transport ist es gut, die Tiere einzeln in Plastiktüten zu verpacken. Nach meinen Erfahrungen sind die Tiere sehr empfindlich, besonders gegen zu starken Druck, daher ist auch der Transport in einem Gesellschaftsbehälter zu vermeiden. Während des Transportes sollte ein Wasserwechsel vorgenommen werden.

Sternschnecke *Archidoris tuberculata*   Mittelländisches Seeohr *Haliotis lamellosa*

Mittelländisches Seeohr *Haliotis lamellosa*

Wohl zu den widerstandsfähigsten Tieren, die ich je in meinen Seewasseraquarien gepflegt habe, zählt das Meer- oder Seeohr. Diese Schnecke gehört zur Ordnung der Altschnecken (Archaeogastropoda), auch Schildkiemer (Diotocardia), und zur Familie der Meerohren (Haliotidae).

Wie schon der Name verrät, handelt es sich hier um eine Schnecke, die ein ohrmuschelförmiges Gehäuse besitzt. An der Oberseite des Gehäuses sind zahlreiche kleine Löcher vorhanden. Die Schale dieser Schnecke kann bis zu 7 cm groß sein, und ist manchmal mit verschiedenen Kalkalgen überzogen. Meistens sind die Tiere auf und unter Steinen bereits im Flachwasser zu finden. Sie haften sehr fest auf ihrer Unterlage und sind kaum ohne Verletzungen davon abzulösen. Meist bringt man sie mit sogenannten lebenden Steinen ins Aquarium und entdeckt sie erst viel später. Der Fuß dieser Schnecke ist sehr breit und mit seitlichen Fortsätzen versehen. Im alteingerichteten Aquarium, das leicht veralgt ist, kann man das Seeohr über mehrere Jahre hin halten. Ihre bevorzugte Nahrung ist der Algenbewuchs auf Steinen und den Aquarienscheiben. Wie stabil so ein Tier sein kann, habe ich selbst erlebt. Als vor ein paar Jahren mein großes Becken durch eine plötzliche Überbesetzung umkippte, alle Fische sowie ein Großteil meiner Aktinien und anderen niederen

Tiere verendete, räumte ich das Becken vollständig aus. Die Steine wurden in den Garten transportiert, die Überreste der verendeten Tiere mit dem Gartenschlauch abgespritzt und die Steine mehrere Wochen an den sonnigsten Stellen liegengelassen. Danach wurden die Steine wieder in das Aquarium geräumt und darin noch eine Woche mit Leitungswasser gut gespült. Anschließend wurde das Becken mit frischem Seewasser gefüllt. Nach weiteren zwei Wochen entdeckte ich in dem noch ohne Tierbesatz stehenden Aquarium mein altes Seeohr. Es muß sich in einem Loch der Steine festgesetzt haben und hat dabei mehrere Wochen im Freien überdauert. Zur Zeit pflege ich das Tier noch immer.

Ringelwürmer, Stamm Annelida

Vielborster, Klasse Polychaeta

Seitdem ich mich für die Mittelmeeraquaristik entschieden habe, gehören auch immer wieder Röhrenwürmer zu meinen Pfleglingen. Bevorzugt halte ich Tiere aus der Ordnung: Festsitzende Vielborster (Sedentaria), die auch Röhrenwürmer genannt werden. Diese Tiere besitzen zahlreiche Fühler oder Siebfächer, mit denen sie Schwebteilchen und Plankton aus dem Wasser fangen. Besonders der Pfauenfederwurm *Sabella pavonina* und die Schraubensabelle *Spirographis spallanzanii* werden öfter im Handel angeboten. Die Ernährung im Aquarium ist etwas schwierig, weil sie nur mit kleinen Nahrungsteilchen am Leben zu halten sind.

Im Wasser mancher Mittelmeerbuchten kann man oft Hunderte dieser prächtigen Würmer im Wasser stehend finden. Wie gelbe, orangefarbene, bräunliche oder reinweiße feingefiederte Blüten erheben sich ihre Tentakelkränze. Bei Berührung ziehen sie diese blitzschnell in die schützende Wohnröhre, die sie aus einem Hautsekret und feinstem Sand herstellen, zurück. Die seitlich befiederten Tentakel sind mit winzigen, ständig schlagenden Wimpern besetzt und umstehen trichterförmig die Mundöffnung des Wurms. Die Wimpernbewegung dient der Nahrungsaufnahme. Plankton und kleinste Schwebteilchen werden so zu den Transportrinnen der Tentakel befördert und von dort wieder zum Mund.

Pfauenfederwurm *Sabella pavonina*

Er wird meist bis 12 cm lang. Der vordere Teil, der aus der Röhre ragt, ist mit einem Siebfächer aus zahlreichen braun-, rot- oder violettgefärbten, gefiederten Tentakeln, die auf zwei gleichlangen, halbkreisförmig gebogenen Blattzweigen stehen, versehen. Zu finden

Pfauenfederwurm *Sabella pavonina*

ist diese Art in Sand und Schlick, auch zwischen Steinen, im Flachwasser des Mittelmeeres, meist in tief eingesenkten, nur wenig aus dem Boden ragenden, dünnwandigen, dunkelgrauen Röhren von papierähnlicher Konsistenz. Beim Ausgraben sind Geduld und größte Vorsicht geboten.

Schraubensabelle *Spirographis spallanzanii*

Sie wird bis zu 30 cm lang. Der Körper ist dunkelbraun, die Tentakelkrone gelb bis orangefarben, manchmal auch weiß oder mit dunkelbrauner Musterung. Auch diese Art findet man in dünnwandigen, grauschwarzen Röhren von papierähnlicher Konsistenz mit einem Durchmesser bis 2,5 cm. Zwar wird man sie auch in Sand- und Schlammgrund finden, eher aber an festen Bodengegenständen und Hafenmauern. Zur Überführung in ein Aquarium müssen sie so sorgsam ausgraben oder abgelöst werden, daß die Tiere völlig unverletzt bleiben. Neuangekommene Tiere stellt man zwischen Steinen auf, ohne die Röhre zu quetschen. Sie verankern sich meist sehr schnell selbst im Boden oder an der Steindekoration. Bei neu ins Aquarium eingesetzten Tieren kommt es oft vor, daß die ganze Kiemenkrone ohne jede erkennbare Ursache abgeworfen wird. Vielleicht liegt es am künstlichen Seewasser oder an der Beunruhigung durch den Fang und das Umsetzen. Es dauert dann jedoch nicht lange, und das bunte, schillernde Gebilde wird wieder völlig regeneriert. *Spirographis spallanzanii* gehört zu den prächtigsten und interessantesten Meeresbewohnern, aber auch zu den dankbarsten Aquarientieren.

Zum Röhrenbau kommt der Wurm weiter als gewöhnlich aus der Röhre heraus und umfaßt die Mündung mit einer kragenartigen Falte, die die sekretbildenden Drüsen enthält. Unter Drehungen um die Längsachse kittet er neues Material an. Wenn der Wurm seine Röhre verläßt, ist er kein Todeskandidat, wie bisher oft angenommen wurde, sondern in einem kleinen Becken mit höherem Bodengrund oder – besser – in den biologischen Außenfilter gesetzt, baut sich der Wurm fast immer eine neue Röhre.

Man sollte Röhrenwürmer nie mit Krebsen zusammenhalten, da auch kleine Einsiedler die Röhren beschädigen oder die Würmer durch ihre Wühlarbeit stören. Aktinien in sehr großer Anzahl im gleichen Becken können durch ihr Nesselgift schaden. Die Hauptschwierigkeit bei der Haltung über mehrere Jahre hinweg ist eine ausreichende Ernährung.

Kalkröhrenwürmer
Serpula vermicularis und *Protula intestinum*

Wie schon der Name sagt, baut ein Kalkröhrenwurm sein Gehäuse aus Kalk aus. Während *Protula intestinum* fast immer einzeln zu finden ist, bildet *Serpula vermicularis* stets Kolonien, so daß 20 und mehr Exemplare eine Gruppe bilden. Sie wachsen auf Kalkalgen, Steinen, Muschelschalen, Schneckenhäuschen usw. Die einzelnen Röhren sind ineinandergeschlungen oder nebeneinanderstehend verwachsen. Diese 7—12 cm langen unregelmäßig gebogenen, außen glatten und schwachgekielten, weißlichen Kalkröhren haben einen runden Querschnitt von ca. 4—5 mm. Ähnlich wie beim Dreikantwurm sind auch hier die Öffnungen mit einem kegelförmigen Deckel verschließbar. Die um diesen Kegel blütenförmig angeordneten Kiemenfäden leuchten in den prächtigsten Farben, wie Sie auf dem Bild sehen können.

Diese Kalkröhrenwürmer sind vom Flachwasser bis in größere Tiefen zu finden. Zum Wohlbefinden dieser Tiere ist eine starke Strömung im Becken erforderlich. In den 3 Jahren, in denen ich die Tiere halte, haben sie ihre Kalkröhren bis zu 5 cm verlängert. Dies dürfte auf das bei uns besonders kalkhaltige Wasser zurückzuführen sein. Nimmt man längere Zeit keinen teilweisen Wasserwechsel vor, zeigen sich die Tiere nur noch wenig. Daher ist es notwendig, in regelmäßigen Abständen das Wasser teilweise zu wechseln.

Zwischen den Kalkröhren siedeln sich auch oft andere Tiere an, die man erst später bemerkt. So zum Beispiel Seescheiden, kleine Anemonen, Hydroiden und kleine Krabben turnen durch das Geäst der Röhrenwurmstöcke.

Schraubensabelle *Spirographis spallanzanii*

Zur Fütterung aller Röhrenwürmer löse ich zweimal in der Woche einige Futtertabletten auf und schütte die milchige Brühe in der Nähe der Turbelle ins Becken, so daß die Nährlösung im ganzen Becken verteilt wird. Seit längerer Zeit füttere ich auch mit Lyquifry Marine, ein ausgezeichnetes Futter, wenn man es richtig dosiert. Die kräftige Durchlüftung hält die feinen Futterteilchen in Schwebe, und sie werden von den Röhrenwürmern und von anderen Filtrierern wie Seescheiden etc. aufgenommen. Daß die Tiere Futter aufgenommen haben, erkennt man daran, daß an den Tagen nach der Fütterung kleine Kotstückchen und manchmal „graue Wolken" ausgestoßen werden. Die Wassertemperatur spielt bei allen Röhrenwürmern keine große Rolle; die besten Haltungsergebnisse erzielt man aber bei Temperaturen unter 20° C.

Gliederfüßer, Stamm Arthropoda

Krebstiere, Klasse Crustacea
Garnelen – Natantia

In meinen Aquarien halte ich neben den Anemonen, Korallen u. dgl. auch immer wieder gerne als Gesellschaft zu den Niederen Tieren Garnelen. Sie gehören zur Ordnung der Zehnfußkrebse (Decapoda) und hier wiederum zur Unterordnung Natantia.

Von den rund 8 300 bekannten Arten der Zehnfußkrebse leben die meisten im Meer. Von der Strandzone bis in die Tiefsee, von den tropischen bis in die polaren Gewässer sind verschiedene Arten vorgedrungen. Im Kosmos-Naturführer heißt es: „Garnelen sind Zehnfußkrebse mit meist seitlich zusammengedrücktem Körper bei kurzer Kopfbrust, deren Rückenschild vorne fast immer ein dünnes, aufrechtstehendes Blatt trägt, das sogenannte Rostrum. Garnelen leben vorwiegend am Boden, können sich aber vielfach als ausgezeichnete Schwimmer erweisen."

Steingarnele *Palaemon elegans*

Diese Garnele kommt mit fast allen Tierlieferungen aus dem Mittelmeer zu uns in die Zoogeschäfte und wird auch gerne als Futtergarnele verkauft, da sie oft massenhaft gefangen wird. *P. elegans* wird bis 5 cm lang, ist durchsichtig grau oder grünlich, manchmal mit schwarzen Punkten und Strichen. Sie hält sich vorzugsweise auf bewachsenen Felsen und in Ebbetümpeln mit Pflanzenwuchs auf.

Das erste Laufbeinpaar ist mit winzigen Scheren ausgestattet, während das zweite Beinpaar etwas stärkere Scheren besitzt. Die Steingarnele hat ein langes Rostrum, oben mit 7−10 Zähnen auf der ganzen Länge, unten mit 3 Zähnen. Ihr Verbreitungsgebiet erstreckt sich vom Mittelmeer über die Atlantikküste bis zur Nord- und Ostsee.

Die Tiere haben einen ausgezeichneten Geruchssinn, und es dauert nur einige Sekunden, bis sie das ins Becken gegebene Futter aufspüren. Den ganzen Tag sind sie damit beschäftigt, zwischen Steinen, Korallen und Muschelgrus gefallene Futterreste herauszuholen und zu verspeisen.

Sägegarnele *Palaemon serratus*

Eine ähnliche Art, die aber wesentlich schöner gefärbt ist als die vorgenannte Art, kommt zwar in der gleichen Umgebung vor, tritt aber nicht so häufig auf wie die Steingarnele. Sie kann eine stattliche Größe bis 10 cm erreichen. Das Tier ist durchscheinend grau mit roten Punkten und Linien, manchmal auch mit brauner bis violetter Bänderung auf Körper und Beinen.

Sägegarnelen halten sich in der Natur am liebsten in dichten Pflanzenbeständen zwischen Felsen auf. Und auch im Aquarium verstecken sie sich bei ausreichender Bepflanzung mit Caulerpa oder anderen Algen gern. In den Monaten Mai und Juni sind einzelne Tiere mit Laichpaketen zu beobachten. Nicht gerne hält sich diese Garnele in starker Strömung auf, sondern mehr in den ruhigen, dunklen Zonen des Aquariums.

Lysmata seticaudata

Lysmata seticaudata

Die wohl schönste Garnele aus dem Mittelmeer ist *L. seticaudata*. Mit ihren roten, über den Körper verteilten Bändern ist diese Garnele kaum zu übersehen. Manchmal kann man ganze Trupps dieser Art auf dem Meeresgrund beobachten, und man wird unweigerlich an die Hippolymata-Arten der tropischen Meere erinnert. Zu finden ist die Art in Geröll und Felsformationen, aber nicht häufig. Die Laichzeit dieser Tiere dauert von Juni bis August, und man kann sie auch im Aquarium in diesen Monaten mit Laichpaketen beobachten. Bevorzugter Aufenthaltsort im Aquarium sind dichte Caulerpabestände.

Knallkrebs *Alpheus ruber*

Diese Art gehört ebenfalls in die Unterordnung der garnelenartigen Langschwanzkrebse (Natantia). Die Tiere werden meist mit lebenden Steinen, in denen sich Löcher befinden, ins Aquarium gebracht. Knallkrebs heißen diese Garnelen, weil sie durch Aufklappen der großen Schere scharfe Knackgeräusche erzeugen können, die bis in ein Nebenzimmer zu hören sind. Sie tun dies meist, wenn ihnen irgendein anderes Tier zu nahekommt. Jungtiere sind rosa bis orangefarben durchsichtig. Erwachsene Tiere werden besonders in der Laichzeit knallrot. Die Laichzeit ist sowohl im Frühjahr (Mai) als auch im Herbst (September).

Da sich die Tiere während des Tages in ihren Höhlen aufhalten und nur nachts herauskommen, bekommt man sie sehr selten zu Gesicht. Doch das von ihnen erzeugte Knacken ist sowohl am Tag als auch in der Nacht zu hören. Sie erreichen nur eine Größe bis 3,5 cm und haben es daher leicht, sich in kleinen Löchern zu verstecken. Zu finden ist der Knallkrebs unter oder in Steinen auf Sand- und Schlammgrund, aber erst von 10 m Tiefe an.

Periclimenes amethysteus

Eine seltene, doch sehr schöne Garnele ist *P. amethysteus*. Die Tiere leben meistens in kleinen Höhlen sowie unter Steinen und sind sehr scheu. Im Aquarium legen sie diese Scheu nach einiger Zeit ab und durchstreifen ruhig und gelassen das Becken. Bei ihren Streifzügen halten sie sich auch immer wieder zwischen den Fangarmen der verschiedenen Aktinien und Anemonen auf, ohne von ihnen genesselt oder verspeist zu werden. Ich glaube aber nicht, daß es sich hier um eine Symbiose handelt, denn welchen Vorteil hätte die Anemone im Zusammenleben mit der Garnele? Außerdem bleibt die Garnele nicht in der gleichen Anemone, sondern wechselt fast ständig ihren Wirt. Selbst in der stark nesselnden Wachsrose *Anemonia sulcata* fühlt sich diese Garnele sehr wohl.

Die Tiere werden nicht groß, bei ca. 3-5 cm dürften sie ausgewachsen sein. Zu finden sind sie in der Adria in der Gegend von Pula sowie vor den Inseln Krk und Rab. Selbst in der Ägäis hat ein Freund von mir diese Garnelen beobachten können. Bis jetzt hörte ich nur von einer Lebensdauer bis zu 2 Jahren im Aquarium.

Stachelhäuter, Stamm Echinodermata

Seesterne, Klasse Asteroidea

Die Klasse der Seesterne (Asteroidea) gehört zum Stamm der Stachelhäuter (Echinodermata). Von den rund 2 000 rein marinen Arten wurden 24 im Mittelmeer und 21 in der Adria festgestellt.

Erwachsene Adriaformen gehören mit einem Durchmesser von 4 bis 35 cm stets zur Makrofauna. Ihre Oberseite ist derbledrig, meist nicht schleimig, oft kräftig gefärbt. Die Unterseite ist durch sog. Skelettplatten hart. Mit Hilfe der Ambulacralfüßchen bewegen sich diese Seesterne fort. Die Arme werden vor allem beim Aufrichten aus der Rückenlage verwendet.

Viele Seesterne sind Räuber, einige Arten fressen auch Algenbeläge und kleine Partikel, andere sind in der Lage, lebende Muscheln zu öffnen. Diese legen sich auf die Muschel und üben mit den zahlreichen Füßchen eine Zugkraft von 3,6−5,5 kg aus, unter deren Einfluß der Schließmuskel nach und nach erlahmt. In die offene Muschel spritzt dann der Seestern sein Verdauungssekret, so daß sich das Muschelfleisch auflöst und mit Hilfe des ausgestülpten Seesternmagens aufgenommen werden kann.

Seesterne kommen von der ruhigen Gezeitenzone bis 300 m, selbst bis 1 000 m Tiefe vor. Nur auf wenigen Böden sind sie wirklich selten. Manche Seesterne lösen unter ungünstigen Bedingungen einzelne Arme ab, die aber wieder regeneriert werden können. Futter wird mit Hilfe des chemischen Sinns selbst aus größerer Entfernung wahrgenommen und aufgesucht.

Purpurstern *Echinaster sepositus*

Diese Art gehört zur Ordnung der Stachelsterne (Spinulosida) und erreicht einen Durchmesser bis zu 30 cm. Die Tiere sind oben und unten bestachelt, die Randplatten an den Armseiten nur noch rudimentär, die Füßchen stets mit Saugscheiben versehen.

Die Färbung der Tiere ist ziegel- bis scharlachrot. Sie sind mit 5, seltener mit 6 oder sogar 7 langen runden Armen ausgestattet.

In Tiefen von 1—20 m – meist auf Felsböden, seltener in Seegraswiesen und schlammigen Sandböden – kann man sie finden. Die rote Farbe löst sich nach dem Absterben des Tieres und auch im Süßwasser sehr leicht ab. *E. sepositus* kommt sowohl im gesamten Mittelmeer wie auch an der Atlantikküste sehr häufig vor. Ein Teil meiner Tiere lebt schon mehr als vier Jahre im Aquarium. Am besten halten sich die Tiere im alteingerichteten Aquarium mit leichtem Algenbewuchs. Gut zu ernähren sind sie mit kleinen Muschelfleischstückchen. Sie nehmen aber auch auf dem Boden liegende tote Fische und Futterreste an. Mit duftstoffreichen Futtertabletten ist eine Fütterung ebenfalls möglich. Der Purpurstern ist ein sehr dekoratives Tier.

Kammstern *Astropecten spinulosus*

Die Art gehört zur Ordnung Großplattensterne (Phanerozonida). Er ist sternförmig oder pentagonal und weist 2 Reihen großer Randplatten an den Armseiten auf. Die Füßchen sind meist ohne Saugscheiben. *A. spinulosus* ist eine sehr bewegliche bis 7 cm große Art mit stumpfen Armen. Tagsüber sind die Tiere meist im Bodengrund versteckt und klettern erst nachts auf Pflanzen und Steine. Auch mit stark riechendem Futter kann man sie aus ihrem Versteck herauslocken. Zu finden sind Kammsterne auf Sandgrund von der Uferzone bis 50 m Tiefe.

Kleiner Buckelstern oder Fünfeckstern
Asterina gibbosa

Die Art gehört zur Familie der Stachelsterne, Ordnung Spinulosida. Bei diesen Tieren handelt es sich um Zwitter, die ihre Eier selbst befruchten. Jedes Jahr im April laichen meine Fünfecksterne meist auf Steinen ab. Die Aufzucht der millimetergroßen Jungtiere gelingt in alteingerichteten Aquarien gut. *A. gibbosa* erreicht einen Durchmesser von 7 cm, bleibt aber meist kleiner. Die Oberseite ist gewölbt, die Rückenplatten sind mit gruppierten winzigen Stacheln besetzt. Die Färbung reicht von Gelblich bis Gelbgrün, manchmal sogar Braun bis Braunrot. Zu finden ist er an Felsen, unter Steinen, zwischen Algen und Seegräsern, auch an Holz, bis 100 m Tiefe und im Brackwasser.

Er hält sich ausgezeichnet über mehrere Jahre im Aquarium, ist aber ein großer Räuber, der Muscheln, Schnecken, kleine Schlangensterne, Aktinien und sogar seine Artgenossen frißt. Da ich im gleichen Becken einen großen Bestand an Glasrosen (Aiptasia) habe, ist der Tisch für diesen Seestern immer reichlich gedeckt, und so wird der Bestand von Glasrosen in einem erträglichen Maß gehalten. Der Magen wird scheibenartig auf das Opfer gepreßt, die Nahrung außerhalb des Körpers verdaut und eingesogen. Außer im Mittelmeer ist *A. gibbosa* auch an der europäischen Atlantikküste südlich bis zu den Azoren beheimatet.

Schlangensterne, Klasse Ophiuroidea, Ordnung Ophiurida

Seit mehr als zwei Jahren pflege ich in meinem 700-l-Aquarium in der Gesellschaft von Zylinderrosen verschiedene Schlangensterne. Der Scheibendurchmesser dieser Schlangensterne erreicht 1–3 cm, während die Armlängen meist mehr als 10 cm betragen. Sie leben auf Sandgrund sowie Felsen und sind tagsüber meist verborgen. Schlangensterne halten sich außerordentlich gut, obwohl sie regelmäßig mit den Tentakeln der Zylinderrosen in Berührung kommen, was Seesternen in der Regel nicht gut bekommt.

Auch Schlangensterne haben einen ausgeprägten Geruchssinn, denn bei der täglichen Fütterung aller Tiere im Becken zeigen sie sich innerhalb weniger Minuten am Futterplatz. Interessant ist das Verhalten der Tiere bei Fütterung mit Futtertabletten. Ist die Tablette aufgespürt, so wird sie von einem der Arme ergriffen und durch Zusammenrollen des Armes fest umschlossen. Dann wird ein Versteckplatz unter Steinen aufgesucht. Amüsant kann es für den Zuschauer werden, wenn sich gleich zwei Sterne bemühen, eine Tablette für sich zu bekommen.

Drei Schlangensternarten möchte ich hier herausgreifen, die ich selbst gepflegt habe und die sich durch lange Lebensdauer ausgezeichnet haben.

122

Kleiner Buckelstern oder Fünfeckstern *Asterina gibbosa*

Heller Schlangenstern *Ophiura aloida*

Diese Art kommt in den Farben Hellorange bis Rötlich vor und hat einen Scheibendurchmesser von ca. 1,5 cm. Die schlanken 6–7 cm langen Arme tragen kurze nach außen gerichtete Dornstacheln.

Schwarzer Schlangenstern *Ophiocoma nigra*

Die Art besitzt eine schwarze, nur etwa 3 cm im Durchmesser messende, fein beschuppte Scheibe mit oft mehr als 10 cm langen, meist schwarzen, grauen oder braunen Armen mit weißgebänderten Spitzen. Sie hält sich im Aquarium wie in der Natur fast ausschließlich am Boden auf, wo sie sich gern unter im Sand liegenden Steinen versteckt und nur einen oder zwei Arme hervorschauen läßt.

Großer Schlangenstern *Ophiura lacertosa*

Einen Scheibendurchmesser von ca. 3 cm erreicht dieser Schlangenstern ebenfalls, seine Arme sind aber oft mehr als 15 cm lang. Die Färbung kann sehr variabel sein und reicht von Rotbraun bis Dunkelgrau.

Zerbrechlicher Schlangenstern *Ophiothrix fragilis*

Der mir liebste Schlangenstern ist der Zerbrechliche Schlangenstern, der zur gleichen Ordnung wie die bereits erwähnten Arten gehört. Sein Scheibendurchmesser beträgt bis 2 cm, die Armlänge kann 7 cm erreichen. Starke Farbvariationen kommen vor, Hell- bis Dunkelrot, Dunkelgrün, Grau, teilweise auch in verschiedenen Farben gebändert.

Er ist vom Ebbeniveau bis 30 m und mehr Tiefe teilweise recht häufig, ja massenhaft, besonders auf Korallenstöcken zu finden. Im Felslitoral entdeckt man kleinere Exemplare in Schwämmen und Pflanzen, größere eher unter Steinen. Die fünf Arme sind schlank, mit feinbedornten langen Stacheln auf den Seitenschildern. Die Arme werden bei unvorsichtiger Berührung teilweise oder ganz abgeworfen, jedoch regeneriert.

Sie ernähren sich von kleinen Organismen und organischen Resten. Die Tiere sitzen im Aquarium gern unter Steinen und in den Korallenstöcken (Rasenkoralle *Cladocora cespitosa)* und lassen seitlich 2 bis 3 Arme wie Tentakel hervorragen. Fällt Futter auf einen der Arme, so wird es zwischen den feinen Stacheln festgehalten und langsam zur Mundscheibe weitergeführt. Besonders wenn duftstoffreiches Futter (Cyclops, Futtertabletten oder Liquifry Marin) ins Becken gegeben wird, werden die Arme direkt in die Strömung gehalten. Ich besitze bestimmt mehr als hundert erwachsene Exemplare in meinem 350-l-Becken, das durch Kühlung auch im Sommer auf ca. 15–16° C gehalten wird. Riedl schreibt, daß Massenauftreten von *Ophiotrix* bis 200 Stück/m^2 nicht selten sind. Im Frühjahr lassen sich

Schwarzer Schlangenstern *Ophiocoma nigra*

Ophiothrix fragilis beim Laichakt

stets viele Jungtiere besonders an der Sichtscheibe und in der oberen Schicht des Bodengrundes (Muschelgrus) erkennen. Ihre Größe beträgt dann ca. 5 mm. Bisher war es mir erst einmal möglich, einen Laichakt zu beobachten. Ein schönes, großes Exemplar kletterte plötzlich an einem Gorgonienstock bis fast an die Wasseroberfläche. An der Stelle, an der die Strömung besonders stark ist, wurden die einzelnen Arme fest um den Korallenstock gewickelt, die Körperscheibe wurde weit ins freie Wasser gestreckt, und plötzlich entleerten sich durch pumpende Bewegungen ganze Wolken von Eiern ins Wasser. Die Jungtiere halten sich bis zu einer Größe von ca. 2 cm nur in der oberen Bodenschicht und bis zu einer Höhe von ca. 5 cm an der Sichtscheibe auf. Die Größe von 2 cm erreichen sie nach ungefähr 4−6 Monaten. Erst ab diesem Zeitpunkt gehen sie auch in die Steindekoration und Korallenstöcke.

Seelilien und Haarsterne, Klasse Crinoidea Haar- oder Federsterne, Ordnung Comatulida

Mittelmeer-Haarstern *Antedon mediterranea*

Dieser prächtige Stern ist eine richtige Augenweide für den Liebhaber von Stachelhäutern. Die Tiere, die einen Durchmesser bis zu 20 cm erreichen können,

Mittelmeer-Haarstern *Antedon mediterranea*

kommen in einer ganzen Palette von Farben vor, die von Gelb über Rotgelb, Orange, Rot bis zu einem leichten Braun reicht. Die Lieblingsplätze des Antedon sind Hornkorallen, die stark durchflutet werden. Die fünf unmittelbar am Rand des Körperkelches gegabelten, seitlich mit federartigen feinen Fortsätzen besetzten Arme sind ständig in Bewegung, um Nahrungsteilchen aus dem Wasser zu fischen. Am unteren Ende des Kelches befinden sich bis zu 22 kleine Arme, auch Zirren genannt, die als Stütze und Haftorgan dienen, um sich in den Korallen festhalten zu können. Mit den Zirren verankern sie sich wochenlang auf demselben Platz, wenn die Strömung ausreichend ist; dabei ist die Nahrungszufuhr von Bedeutung. Werden sie jedoch gestört, können sie auch über kurze Strecken schwimmen.

Ihr Vorkommen ist auf eine Tiefe bis 40 m beschränkt. Man findet sie in der Hauptsache auf Gorgonien und in Seegraswiesen. Der Antedon ist getrenntgeschlechtlich, die Befruchtung erfolgt außerhalb des Körpers. Es sind jedoch keine äußeren Geschlechtsunterschiede zu erkennen. Plankton und schwebende Futterteile werden entlang der Ambulakralrinnen zur Mundöffnung befördert.

Der Antedon ist sehr zerbrechlich; daher ist beim Fang stets Vorsicht geboten, weil sie leicht die Arme abwerfen oder man ihnen selbst die Arme abbrechen könnte. Bei der Haltung und besonders beim Transport sind sie empfindlich. Die abgebrochenen Arme werden leider kaum regeneriert, wie es bei Seesternen üblich ist. Ich halte meine Haarsterne immer in einem gut durchfluteten Außenbecken, das an mein 700-l-Aquarium angeschlossen ist. In diesem Becken sind einige abgestorbene Gorgonien aufgestellt, auf denen sie sich festhalten können und ihre Nahrung aufnehmen. Ich füttere die Tiere mit aufgelösten Futtertabletten und Liquifry Marin, aber nicht öfter als einmal in der Woche. So leben dieser Haarsterne im Durchschnitt etwa neun Monate.

Seeigel, Klasse Echinoidea

Zum Abschluß des Kapitels über die Stachelhäuter möchte ich noch etwas über die Seeigel berichten, obwohl ich sie nur in wenigen Exemplaren pflege. Das Skelett besteht aus 2×5 harten, starr miteinander verbundenen Platten. Zusammen ergeben sie eine unten etwas abgeflachte Kugel, die außen mit mehr oder weniger langen, zahlreichen Stacheln versehen ist. Zwischen den Stacheln sitzen die Ambulakralfüßchen, die mit Saugnäpfchen und Greifern ausgestattet sind und hauptsächlich der Fortbewegung dienen. Mit diesen Saugfüßchen werden auch oft kleine Steinchen oder Muschelschalen festgehalten. Der Mund oder Kauapparat ist mit fünf kräftigen Zähnen ausgestattet, mit denen ihre Nahrung, Algen vom Substrat, abgeschabt wird. Die Lebensdauer in alteingerichteten Aquarien kann mehrere Jahre betragen. Bis jetzt habe ich drei Arten gepflegt und zwar den S t e i n s e e i g e l *Paracentrotus lividus,* S c h w a r z e n S e e i g e l *Arbacia lixula* sowie den E ß b a r e n S e e i g e l *Echinus esculentus.*

Steinseeigel *Paracentrotus lividus*

Diese Art findet man vom Flachwasser bis in ca. 30 m Tiefe an Felsen in oft selbstgebohrten Mulden. Die Tiere maskieren sich gerne mit Muschelschalen, kleinen Steinen sowie Algenblättern. Die Stacheln sind bräunlich, manchmal grünlich, aber auch rotviolett und ca. 3 cm lang. In einem Aquarium mit gutem Algenwuchs lassen sich die Tiere gut halten.

Schwarzer Seeigel *Arbacia lixula*

Sowohl im Mittelmeer als auch im Atlantik kommt der Steinseeigel vor. Sein Körperdurchmesser beträgt ca. 5 cm. Diese Länge erreichen ebenfalls die schwarzen Stacheln, die sehr brüchig sind. Die Ambulakralfüßchen an der Oberseite des Tieres sind ohne Saugnäpfchen, es kann sich also nicht maskieren wie der Steinseeigel. Die Tiere sind ebenfalls schon unmittelbar unter dem Wasserspiegel zu finden.

Steinseeigel *Paracentrotus lividus*

Eßbarer Seeigel *Echinus esculentus*

Schlechteste Erfahrungen habe ich leider mit dieser Art gemacht. Die Tiere werden sehr groß, bis zu einem Durchmesser von 15 cm. Sie benötigen eine niedrige Wassertemperatur von unter 20° C zum Wohlbefinden. Die Stacheln stehen sehr dicht und sind bis 2,5 cm lang. Die Färbung reicht von Rosa bis Violett.

Ein Seeigel, den ich erstmals bekommen hatte, brachte es fertig, den Algenbestand meines 700-l-Aquariums in nicht einmal 14 Tagen aufzufressen. Ich habe ihn anschließend einem Freund gegeben, der seine Fadenalgen loswerden wollte, mit der Auflage, daß er ihn mir nie wieder zurückbringen dürfe.

Chordatiere, Stamm Chordata

Manteltiere, Unterstamm Tunicata
Seescheiden, Klasse Ascidiaceae

Seit vielen Jahren beschäftige ich mich auch intensiv mit der Haltung von Seescheiden, die immer interessante Pfleglinge für mich sind. Was sind eigentlich Seescheiden (Ascidiacea)? Sie gehören zu der Familie der Manteltiere und sind einzeln bzw. in Gruppen lebende, auch stock- bzw. koloniebildende Tiere. Seescheiden besitzen einen gallertartigen, bis lederigen Mantel mit einer Ein- und Ausfuhröffnung und einem säulen-, knollen- oder fladenförmigen Körper. Mit dem Mantel heften sich die Tiere auf verschiedenen Substraten wie Steinen, Muschelschalen, Korallengerüsten und Holz an und wachsen dort fest.

Neben der geschlechtlichen Fortpflanzung gibt es bei vielen Seescheiden noch eine ungeschlechtliche durch Knospung; dabei entstehen die Nachkommen unmittelbar am Körper des Muttertieres oder an Stolonen. Auf diese Weise bilden sich Kolonien oder Stöcke. Die sich aus den befruchteten Eiern entwickelnden Larven setzen sich nach einiger Zeit fest, bilden den Schwanz und damit auch die Chorda zurück und scheiden den Mantel ab.

Seescheiden sind Filtrierer, d. h., durch die Einströmungsöffnung wird das Wasser mit der oft mikroskopisch kleinen Nahrung eingesaugt, über den Kiemendarm geführt, wo alle für die Seescheide wichtigen Nährstoffe herausgefiltert werden und durch die Ausführöffnung wieder abgegeben. Der ständige Wasserstrom, der das Tier durchzieht, wird von Wimpern des Kiemendarmes angetrieben.

Seescheiden findet man im Seichtwasser bis in große Tiefen, auf Hartböden sowie auf Schlamm- und Sandgrund und häufig auch in Höhlen. Zur Aquarienhaltung eignen sich nur die festsitzenden Seescheiden.

Hochentwickelte Sinnesorgane fehlen den Tieren. Offenbar werden bei der festsitzenden, filtrierenden Lebensweise keine besonderen Sinnesleistungen gebraucht. Die verschiedenen Arten haben eine Größe von 1 mm bis über 20 cm. Die Bewegungserscheinungen sind minimal, sie beschränken sich auf Kontraktionen des Körpers und der Körperöffnungen. Bei den meisten Arten dürfte die Lebensdauer im Aquarium nicht mehr als 1 Jahr betragen. Selbstverständlich gibt es auch bei diesen Tieren immer Ausnahmen. Es hängt natürlich auch von der Qualität des Aquarienwassers ab. Raschen und kühlen Transport vertragen unbeschädigte Tiere gut.

Rote Seescheide *Halocynthia papillosa*

Wohl die schönste und farbenprächtigste ist die R o t e S e e s c h e i d e, die bei geeignetem Kleinfutter einige Monate bis zwei Jahre im Aquarium aushält. Sie lebt einzeln und erreicht eine Körpergröße bis 10 cm. Der Mantel ist orangefarben bis rot, hart-ledrig und leicht rauh. Die Ein- und Ausfuhröffnungen haben einen Borstenkranz.

Meist kann man sie schon im Flachwasser unter Überhängen und in Höhlen finden. Man soll sie immer mit einem Stück Substrat mitnehmen und darf sie weder beim Ablösen noch beim Transport drücken. Die klein-

Rote Seescheide *Halocynthia papillosa*

sten Verletzungen können zum Tod des Tieres führen. Im flachen Wasser gesammelte Tiere vertragen im Aquarium auch etwas höhere Temperaturen. Am besten ist es, sie in Aquarien zu pflegen, deren Wassertemperatur 20° C nicht übersteigt. *H. papillosa* ist in allen Gebieten des Mittelmeeres zu Hause und teilweise recht häufig anzutreffen. Wie alle anderen Seescheiden füttere ich die Rote Seescheide mit aufgelösten Futtertabletten sowie mit aufgeschwemmtem Trockenfutter und flüssigen Futtermitteln, die für Filtrierer besonders gut geeignet sind.

Microcosmus sulcatus

Diese Runzelige Seescheide läßt sich leicht über längere Zeit halten. Mein ältestes Exemplar lebt jetzt bereits sechs Jahre in meinem 700-l-Becken. Der Mantel von *M. sulcatus* ist grobfaltig, in den Farben Braun, Braunrot bis Rotviolett. Sie wird bis 20 cm lang und ist gebogen und lebt meist einzeln, ist aber auch in großen Gruppen anzutreffen. Angesiedelt findet man diese Art auf Sandgrund und Steinen des Mittelmeeres. Oft ist sie mit starkem Algen-, Schwamm-, Muschel- oder auch Moostierchenbewuchs versehen. Daher rührt auch der Name Microcosmus, was „Kleine Welt" bedeutet. Die Ein- und Ausfuhröffnungen, auch Siphos genannt, sind karminrot.

Obwohl viele Autoren diese Seescheide als empfindlich bezeichnen, konnte ich sie immer über mehrere Jahre halten. Auch in Aquarien, die im Sommer nicht gekühlt werden, halten sich die Tiere recht gut.

Microcosmus claudicans

Die zweite Microcosmus-Art ist recht klein und besitzt einen dicken, rauhen Mantel, der meist vollkommen mit Sand bedeckt ist. Die Siphos sind gelbrot längsgestreift. Leider ist die Lebensdauer nicht groß, und abgestorbene Tiere sind meist erst zu erkennen, wenn sie schon zu verfaulen beginnen, was an den kleinen Gasbläschen ersichtlich wird, die dann aus den Siphos und den Mantelfalten aufsteigen.

Warzen-Ascidie *Phallusia mamillata*

Vor dem Veralgen muß man die W a r z e n - A s c i d i e schützen. Ihr Körper ist gurken- bis kürbisförmig und mit unregelmäßigen warzenförmigen Höckern besetzt. Die Farbe ist weißlich bis gelblich und leicht graupunktiert; auf den Siphos befinden sich lilafarbene Streifen. In der Regel lebt sie einzeln, doch auch oft in Gruppen auf demselben Substrat. Im Mittelmeer und im Atlantik sind die Tiere auf Schlamm- und Sandgrund von 20 bis 100 m Tiefe zu finden.

Microcosmus sulcatus

Warzen-Ascidie *Phallusia mamillata* und
Schlauch-Ascidie *Ciona intestinalis*

In Aquarien, die sehr wenig beleuchtet sind, konnte ich diese Art wesentlich länger am Leben erhalten als in hellen Becken, wo sie schnell veralgen. Temperaturen bis ca. 25° C verträgt *Phallusia mamillata* recht gut, bei darüberliegenden Werten geht sie meist schnell zugrunde. Diese Tiere konnte ich bis zu 2½ Jahre pflegen.

Schlauch-Ascidie *Ciona intestinalis*

Auch die Schlauch-Ascidie ist auf demselben Substrat wie *Phallusia mamillata* zu finden. Sie kann einzeln leben, oft in Gruppen, manchmal aber auch zu unregelmäßigen Klumpen verbunden. Der Mantel ist gallertig, durchsichtig grau bis grünlich oder gelblich bis bräunlich. Ihr Körper kann bis zu 15 cm lang werden, bleibt aber meist kleiner. Die Ein- und Ausfuhröffnungen stehen nahe beisammen auf ca. 2 cm langen Siphos, die manchmal von roten Punkten umgeben sind. Sie ist auf Hartböden und an Felsen vom Seichtwasser bis in größere Tiefen zu finden.

Im Aquarium ist sie sehr ausdauernd, wenn sie nicht Temperaturen über 20° C längere Zeit ausgesetzt wird. Zu finden ist diese Seescheide im Mittelmeer, an den europäischen Atlantikküsten sowie im westlichen Teil der Ost- und in der Nordsee. Die Hauptfundgebiete liegen an Hafenmauern und Schiffskörpern. Selbst stärkere Wasserverschmutzungen für kurze Zeit überstehen die Tiere recht gut.

Polycarpa pomaria

Die schlechtesten Erfahrungen habe ich mit dieser Art gemacht. Sie hat einen schmutziggelben Mantel, der rauh bis faserig und um die Siphos rotgefärbt ist. Meist leben die Tiere in Gruppen auf festem Untergrund von 10−40 m Tiefe, wo sie recht häufig sind. Mehr als zwei Monate lang konnte ich sie nie am Leben erhalten.

Keulen-Synascidie *Clavelina lepadiformes*

Die wohl interessanteste Seescheidenart ist die Keulen-Synascidie. Die koloniebildenden Einzeltiere werden bis 3 cm lang, ihr farbloser, keulenförmiger, gallertig-durchsichtiger Mantel läßt die Innenorgane gelb durchschimmern. Ein- und Ausfuhröffnungen liegen nahe zusammen und sind nur kurz ausgezogen. Zu finden ist sie an Felsen, Hafenbauten und Bojen. Sie kommen im Mittelmeer, im Atlantik und der Nordsee bis zu 50 m Tiefe vor. Man bringt sie meist mit lebenden Muscheln ins Aquarium, wo sie sich unter günstigen Bedingungen recht gut vermehren. Es können nach einiger Zeit Korallen, Steine und selbst Teile der Aquarienscheiben von Hunderten kleiner *C. lepadiformes* bedeckt sein. Wenn die Temperatur im Becken wesentlich ansteigt, verkleinern sich die Kolonien, deshalb kühl halten. Die Haltbarkeit über mehrere Jahre ist wahrscheinlich auf Grund von Ernährungsschwierigkeiten begrenzt.

143

Distoma adriaticum

Eine weitere Art, bei der immer mehrere Individuen miteinander verbunden sind, ist *D. adriaticum*. Solch eine Kolonie ist in einem meiner Becken plötzlich auf einem Stein in einer Höhle aufgetreten und hat sich rasch vergrößert. Die einzelnen Tiere sind größtenteils von einem gemeinsamen Mantel umgeben und oft zu mehreren kranzartig um gemeinsame Ausströmöffnungen angeordnet. Die Kolonien sind schmutzigweiß, gelblich bis bräunlich und sind auf Muscheln, Steinen und überhängenden Felsen in einer Tiefe von 10 bis 40 cm zu finden.

Algen

Zur dekorativen Gestaltung eines Mittelmeerbeckens gehört natürlich auch das Kultivieren von höheren Algen. Ich möchte Ihnen eine Anzahl von Algen vorstellen, die ich selbst gepflegt habe und die sich zum Großteil auch sehr gut halten und vermehren lassen.

Verschiedene dieser Algen sind auch ein wunderbarer Indikator, um Wasserverschlechterungen anzuzeigen. Ich gebe regelmäßig Spurenelemente ins Wasser. Eine Behandlung von erkrankten Fischen mit Kupfer oder

Keulen-Synascidie *Clavelina lepadiformis*

anderen Medikamenten ist in Becken mit solchen Algen nicht möglich. All diese Algen reagieren sofort äußerst empfindlich und sterben meist ab.

Kriechsproßalge *Caulerpa prolifera*

Diese Art läßt sich wohl am besten kultivieren und ist auch am meisten bei den Seeaquarianern vertreten. Sie heftet sich sowohl an der Steindekoration als auch auf dem Sandgrund mit ihren kleinen Wurzeln an. Durch kriechende Triebe vermehrt sie sich, so daß sie Felsen, Korallenstöcke, aber auch ganze Sand- und Kiesflächen, mit ihren Trieben förmlich bedeckt. Die aufrecht im Wasser stehenden Triebe können je nach Wassertemperatur und Licht recht unterschiedlich sein. Je kühler und geringer die Beleuchtung, um so schmäler und länger werden die Blätter. Sie erinnern dann an Vallisnerien. Caulerpa ist ebenfalls ein ausgezeichneter Besatz für ein langsam fließendes Außenfilterbecken.

Fächeralge *Udotea petiolata*

Besonders gut gedeiht bei mir die Fächeralge. Ich brachte die ersten Blätter mit einer Seescheide ins Aquarium. Sie wächst aber auch unverhofft auf mitgebrachten Steinen aus dem Mittelmeer.

Zuerst begann sich die Alge in der nächsten Umgebung auszubreiten, später ist sie an verschiedenen anderen Stellen im Aquarium ebenfalls aufgetreten, um neue Kolonien zu bilden. Jeder einzelne Fächer ist ähnlich wie die Caulerpa durch ein verzweigtes System von Fäden (Rhizoidenfilz) verbunden.

Diese Alge ist im Meer nahe der Wasseroberfläche an mäßig und stark beschatteten Standorten zu finden. Die Vermehrung ist recht gut, doch kann man die Blätter nicht vom Substrat herunternehmen, ohne sie zu verletzen. Ein Umsetzen ist deshalb nur möglich, wenn auch das Substrat mitgenommen wird.

Seetraube
Valonia utricularis – V. macrophysa

Besonders hübsch sind diese Kolonien. Sie bilden dicht und lückenlos aneinandergedrängte und kompakte wabenartige Rasen. Der Thallus irisiert grün und ist länglich bis kugelig-blasenförmig mit 2−4 cm Durchmesser. Auf Steinen, selbst auf anderen Algen, sind sie oft in bis zu faustgroßen Kolonien bis 10 m Tiefe an exponierten und stark beschatteten Spalten, Höhlungen und Grotten zu finden.

Valonia kommt im Mittelmeer, an der Atlantik-Küste bis Skandinavien und in der Nordsee vor. Ich habe die Erfahrung gemacht, daß man *Valonia* am besten unter

Im Vordergrund des Bildes: Kriechsproßalge *Caulerpa prolifera*

Fächeralge *Udotea petiolata*

Wasser in einen Beutel bringt und auch wieder unter Wasser ins Aquarium einsetzt. See-Trauben, die zu lange mit Luft in Berührung waren, sind mir fast immer eingegangen.

Nithophyllum punctatum

Vor mehreren Jahren habe ich mit einer Austernschale ein kleines Büschelchen *N. punctatum* in eines meiner Mittelmeerbecken gesetzt. Diese R o t a l g e vermehrt sich ganz ausgezeichnet, so daß ich schon nach kurzer Zeit Teile in die anderen Becken geben konnte. Es ist bewundernswert, wie gut und rasch sich die Alge den neuen Bedingungen anpaßt. Ich habe in allen Becken, ob kalt oder warm, dunkel oder hell, selbst in den Außenfiltern, die nicht beleuchtet werden, größere Kulturen von dieser Rotalge. Am besten gedeiht sie bei ca. 26° C und starker Beleuchtung. In einem Zeitraum von 6 Monaten wurde in einem 220-l-Becken die ganze Steindekoration bis zur Wasseroberfläche überwachsen. In regelmäßigen Abständen entnehme ich diesem Becken bis zu zwei Eimer voll, um die Pflanzen an Vereinsfreunde oder öffentliche Schauaquarien abzugeben. Im warmen hell beleuchteten Becken sind die Blätter kurz und am Ende herzförmig, während im gekühlten dunklen Aquarium die Blätter lang und spitz ausgezogen sind. Diese Rotalge ermöglicht eine besonders dekorative Gestaltung des Beckens.

Laut Riedl (Fauna u. Flora d. Adria) ist *N. punctatum* meist epiphytisch, in ruhigen bis ziemlich exponierten und etwas schattigen Standorten, nahe der Oberfläche bis 20 m weit verbreitet.

Kammtang *Plocamium coccineum*

Eine weitere ins Auge fallende Rotalge in meinen Aquarien ist der K a m m t a n g. Von diesem Tang habe ich einige faustgroße Stücke erhalten, die ich sofort auf meine drei größten Becken verteilt habe. Doch leider wurde mir ein Großteil davon von einem Seeigel im 700-l-Becken zerstückelt und aufgefressen. Was davon noch übriggeblieben war, habe ich in den Außenfilter getan, wo eine langsame Erholung zu beobachten war.

Im gekühlten Aquarium war diese Art nach kurzer Zeit restlos verschwunden. Kammtang wächst rasenähnlich an beschatteten Stellen unter dem Ebbeniveau bis 20 m Tiefe. Der Thallus ist karminrot, 5−30 cm hoch und sieht wie strauchartig und verästelte Zweige aus, deren letzte Ästchen gefiedert sind. Er vermehrt sich leider nicht so gut wie die vorher genannten Arten.

Sirenenhaar *Lyngbya majuscula*

Auch das weniger dekorative S i r e n e n h a a r sollte erwähnt werden, das mit lebenden Steinen und Seescheiden ins Aquarium eingeschleppt wird. Wir haben es hier mit einer fadenförmigen Alge des Stammes Cyanophyta zu tun. Sie ist mit festen Membranscheiden umgeben, manchmal krausen Fäden, deren Enden stets aufgerichtet sind. Die Alge bildet Büschel bis ca. 5 cm Höhe auf Felsen und anderem Substrat an der Wasserlinie.

Pfennigalge oder Meerkette *Halimeda tuna*

Seit ca. einem Jahr ist es mir auch möglich, die Pfennigalge oder Meerkette erfolgreich zu pflegen und zu vermehren. Diese erfolgreiche Haltung ist mir bis jetzt nur im gekühlten Aquarium gelungen. Die einzelnen Stöcke oder Kolonien sind ca. 10 cm hoch und blaßgrün, weil sie sehr stark mit Kalk inkrustiert sind. Die runden Lappentäschchen reihen sich in verzweigten Ketten aneinander. Neue Reihen werden fast immer vom Grundstock aus gebildet, seltener von einem bereits bestehenden Lappentäschchen.

Verzeichnis
der wissenschaftlichen Namen

* = Farbbilder

154

Verzeichnis
der deutschen Namen

* = Farbbilder

156